普通话水平测试
专用教材 （新版）

普通话水平测试研究中心　编

张　弛　主编

中国传媒大学出版社
·北京·

图书在版编目(CIP)数据

普通话水平测试专用教材:新版/普通话水平测试研究中心编;张弛主编.—北京:中国传媒大学出版社,2024.7(2025.8重印)

ISBN 978-7-5657-3658-2

Ⅰ.①普… Ⅱ.①普… ②张… Ⅲ.①普通话—水平考试—教材 Ⅳ.①H102

中国国家版本馆 CIP 数据核字(2024)第 109756 号

普通话水平测试专用教材(新版)

PUTONGHUA SHUIPING CESHI ZHUANYONG JIAOCAI(XINBAN)

编　　者	普通话水平测试研究中心		
主　　编	张　弛		
策划编辑	李水仙		
责任编辑	李水仙　蒋　倩　姜颖昳		
特约编辑	李明远		
封面设计	大鹏设计		
责任印制	李志鹏		
出版发行	中国传媒大学出版社		
社　　址	北京市朝阳区定福庄东街1号	邮　编	100024
电　　话	86-10-65450528　65450532	传　真	65779405
网　　址	http://cucp.cuc.edu.cn		
经　　销	全国新华书店		
印　　刷	北京中科印刷有限公司		
开　　本	787mm×1092mm　1/16		
印　　张	14.5		
字　　数	292 千字		
版　　次	2024 年 7 月第 1 版		
印　　次	2025 年 8 月第 3 次印刷		
书　　号	ISBN 978-7-5657-3658-2	定　价	59.00 元

本社法律顾问:北京嘉润律师事务所　郭建平

前言

普通话水平测试是促进普通话普及和应用水平提高的基本措施之一。截至目前,全国的测试机构发展到1 700余个,测试员队伍达5万余人,测试总量持续增长,到2021年底累计超过1亿人次,为推广普及国家通用语言文字发挥了重要作用。[①]

《普通话水平测试实施纲要(2021年版)》(以下称"新版纲要")已于2024年1月1日起在全国范围内正式实施,2003年旧版纲要同时停止使用。

在此背景下,为了更好地推广和普及普通话,帮助大家快速提高普通话水平,我们严格依据教育部、国家语言文字工作委员会发布的《普通话水平测试大纲》,从普通话学习及测试的实际出发,深入研究普通话水平测试的特点和规律,精心编写了新版《普通话水平测试专用教材》。

本书从普通话水平测试的实际出发,全面分析讲解了普通话水平测试相关的法律法规和政策,普通话语音系统中声母、韵母、声调、音变、音节等基础知识,并且针对测试的各个部分,专门编写了单音节字词、多音节词语、朗读短文、命题说话四部分的专项训练以及30套普通话水平测试样卷。

普通话的学习应注重实践,普通话课程的教学更应注重实践。为此,本教材配有主要训练内容示范录音,由国家级普通话水平测试员录制。相信本书的出版,能为各行各业学习普通话的人员提供切实有效的帮助。

本书在编写过程中得到了全国多省语委、普通话水平测试员和高校学者的大力支持,在此一并表示衷心的感谢!

我们诚请广大读者提出继续完善本书的意见和建议。

编　者

2024年3月

[①] 教育部有关部门负责人就《普通话水平测试管理规定》答记者问[EB/OL].(2021-12-09)[2024-01-09].
http://jyt.ah.gov.cn/tsdw/ahsyywzgzwyhbgs/zxdt/gzdt/40494619.html.

目 录

第一部分 普通话水平测试概要

第一章 普通话水平测试简介 ········ 003
第二章 普通话水平测试大纲 ········ 005
第三章 普通话水平测试样卷 ········ 010
第四章 普通话水平测试等级标准(试行) ········ 013
第五章 普通话水平测试管理规定 ········ 014
第六章 普通话水平测试规程 ········ 017
第七章 普通话水平智能测试系统操作流程 ········ 022
第八章 有关行业人员普通话合格标准 ········ 029
  附录1 全国普通话水平测试机构(站点)信息汇总表 ········ 029

第二部分 普通话语音

第九章 普通话语音概述 ········ 033
  第一节 什么是普通话 ········ 033
  第二节 普通话语音概念 ········ 034

第十章 普通话声母 ········ 038
  第一节 什么是声母 ········ 038
  第二节 声母的分类 ········ 038
  第三节 声母的发音练习 ········ 041
  第四节 声母的对比分辨训练 ········ 050

第十一章 普通话韵母 ················· 057
第一节 什么是韵母 ················· 057
第二节 韵母的分类 ················· 058
第三节 韵母的发音练习 ················· 059
第四节 韵母的对比分辨训练 ················· 069

第十二章 普通话声调 ················· 074
第一节 什么是声调 ················· 074
第二节 声调发音要领 ················· 075
第三节 声调综合训练 ················· 076

第十三章 语流音变 ················· 083
第一节 变调训练 ················· 083
第二节 轻声训练 ················· 084
  附录2 普通话水平测试用必读轻声词语表 ················· 086
第三节 儿化训练 ················· 091
  附录3 普通话水平测试用儿化词语表 ················· 092
第四节 语气词"啊"的训练 ················· 096

第十四章 普通话易错音 ················· 097
第一节 易读错的字词 ················· 097
第二节 易读错的姓氏 ················· 101
第三节 易读错的地名 ················· 104

第三部分 普通话水平测试专项训练

第十五章 单音节字词 ················· 111
第一节 单音节字词常见问题 ················· 111
第二节 单音节字词应试策略 ················· 113
第三节 单音节字词综合训练 ················· 115

第十六章 多音节词语 ················· 119
第一节 多音节词语常见问题 ················· 119
第二节 多音节词语应试策略 ················· 120
第三节 多音节词语综合训练 ················· 122

第十七章　朗读短文 ……………………………………………………………… 126
　　第一节　朗读短文的要求 ……………………………………………………… 126
　　第二节　朗读短文应试策略 …………………………………………………… 128
　　第三节　普通话水平测试用朗读作品 ………………………………………… 131

第十八章　命题说话 ……………………………………………………………… 183
　　第一节　命题说话的要求 ……………………………………………………… 183
　　第二节　命题说话常见问题 …………………………………………………… 184
　　第三节　命题说话应试策略 …………………………………………………… 186
　　第四节　普通话水平测试用话题 ……………………………………………… 188

第十九章　普通话水平测试全真模拟试卷 ……………………………………… 190

第一部分

普通话水平测试概要

第一章　普通话水平测试简介

普通话水平测试（PUTONGHUA SHUIPING CESHI，缩写为 PSC）是对应试人运用普通话的规范程度、熟练程度进行测查的口语考试。考试形式为口试。

普通话水平等级分为三级六等，即一、二、三级，每个级别再分出甲、乙两个等次。一级甲等为最高，三级乙等为最低。

普通话水平测试不是口才的评定，而是对应试人掌握和运用普通话所达到的规范程度的测查和评定，是应试人的汉语标准语测试。应试人在运用普通话口语进行表达过程中所表现的语音、词汇、语法规范程度，是评定其所达到的水平等级的重要依据。

普通话水平测试等级证书是证明应试人普通话水平的有效凭证，证书由国家语言文字工作委员会统一印制。普通话一级乙等以下成绩的证书由省（直辖市）级语言文字工作委员会加盖印章后颁发，普通话一级甲等的证书须经国家普通话水平测试中心审核并加盖国家普通话水平测试中心印章后方为有效。有效的普通话水平测试等级证书全国通用。

普通话是以北京语音为标准音，以北方话为基础方言，以典范的现代白话文著作为语法规范的现代汉民族共同语。普通话是中华人民共和国通用语言。

普通话是以汉语授课的各级各类学校的教学用语；是以汉语传送的各级广播电台、电视台和汉语电影、电视剧、话剧必须使用的规范用语；是我国党政机关、社会团体、企事业单位必须使用的公务活动用语；是不同方言区以及国内不同民族之间人们的交际用语。

《中华人民共和国宪法》第十九条规定：国家推广全国通用的普通话。

《中华人民共和国国家通用语言文字法》第十九条规定："凡以普通话作为工作语言的岗位，其工作人员应当具备说普通话的能力。以普通话作为工作语言的播音员、节目主持人和影视话剧演员、教师、国家机关工作人员的普通话水平，应当分别达到国家规定的等级标准；对尚未达到国家规定的普通话等级标准的，分别情况进行培训。"

掌握和使用一定水平的普通话，是进行现代化建设的各行各业人员，特别是播音员、节目主持人、教师、影视话剧演员以及国家机关工作人员必备的职业素质。因此，有必要对上述岗位的从业人员进行普通话水平测试,并逐步实行持等级证书上岗制度。

　　普通话是汉民族的共同语,是规范化的现代汉语,是全国通用的语言。共同的语言和规范化的语言是不可分割的,没有一定的规范就不可能做到真正的共同。普通话的规范指的是现代汉语在语音、词汇、语法各方面的标准。普通话水平测试是推广普通话工作的组成部分,是使推广普通话工作逐步走向制度化、科学化、规范化的重要举措。

第二章　普通话水平测试大纲

(教育部　国家语委发教语用〔2003〕2 号文件)

根据教育部、国家语言文字工作委员会发布的《普通话水平测试管理规定》《普通话水平测试等级标准》,制定本大纲。

一、测试的名称、性质、方式

本测试定名为"普通话水平测试"(PUTONGHUA SHUIPING CESHI,缩写为 PSC)。

普通话水平测试测查应试人的普通话规范程度、熟练程度,认定其普通话水平等级,属于标准参照性考试。本大纲规定测试的内容、范围、题型及评分系统。

普通话水平测试以口试方式进行。

二、测试内容和范围

普通话水平测试的内容包括普通话语音、词汇和语法。

普通话水平测试的范围是国家测试机构编制的《普通话水平测试用普通话词语表》《普通话水平测试用普通话与方言词语对照表》《普通话水平测试用普通话与方言常见语法差异对照表》《普通话水平测试用朗读作品》《普通话水平测试用话题》。

三、试卷构成和评分

试卷包括 5 个组成部分,满分为 100 分。

(一)读单音节字词(100 个音节,不含轻声、儿化音节),限时 3.5 分钟,共 10 分。

1. 目的:测查应试人声母、韵母、声调读音的标准程度。

2. 要求:

(1)100 个音节中,70%选自《普通话水平测试用普通话词语表》"表一",30%选自"表二"。

(2)100 个音节中,每个声母出现次数一般不少于 3 次,每个韵母出现次数一般不少于 2 次,4 个声调出现次数大致均衡。

(3)音节的排列要避免同一测试要素连续出现。

3．评分：

(1)语音错误,每个音节扣 0.1 分。

(2)语音缺陷,每个音节扣 0.05 分。

(3)超时 1 分钟以内,扣 0.5 分;超时 1 分钟以上(含 1 分钟),扣 1 分。

(二)读多音节词语(100 个音节),限时 2.5 分钟,共 20 分。

1．目的:测查应试人声母、韵母、声调和变调、轻声、儿化读音的标准程度。

2．要求：

(1)词语的 70% 选自《普通话水平测试用普通话词语表》"表一",30% 选自"表二"。

(2)声母、韵母、声调出现的次数与读单音节字词的要求相同。

(3)上声与上声相连的词语不少于 3 个,上声与非上声相连的词语不少于 4 个,轻声不少于 3 个,儿化不少于 4 个(应为不同的儿化韵母)。

(4)词语的排列要避免同一测试要素连续出现。

3．评分：

(1)语音错误,每个音节扣 0.2 分。

(2)语音缺陷,每个音节扣 0.1 分。

(3)超时 1 分钟以内,扣 0.5 分;超时 1 分钟以上(含 1 分钟),扣 1 分。

(三)选择判断*,限时 3 分钟,共 10 分。

1．词语判断(10 组)

(1)目的:测查应试人掌握普通话词语的规范程度。

(2)要求:根据《普通话水平测试用普通话与方言词语对照表》,列举 10 组普通话与方言意义相对应但说法不同的词语,由应试人判断并读出普通话的词语。

(3)评分:判断错误,每组扣 0.25 分。

2．量词、名词搭配(10 组)

(1)目的:测查应试人掌握普通话量词和名词搭配的规范程度。

(2)要求:根据《普通话水平测试用普通话与方言常见语法差异对照表》,列举 10 个名词和若干量词,由应试人搭配并读出符合普通话规范的 10 组名量短语。

(3)评分:搭配错误,每组扣 0.5 分。

3．语序或表达形式判断(5 组)

(1)目的:测查应试人掌握普通话语法的规范程度。

(2)要求:根据《普通话水平测试用普通话与方言常见语法差异对照表》,列举 5 组普通话和方言意义相对应,但语序或表达习惯不同的短语或短句,由应试人判断并读出符合普通话语法规范的表达形式。

(3)评分:判断错误,每组扣 0.5 分。

选择判断合计超时 1 分钟以内,扣 0.5 分;超时 1 分钟以上(含 1 分钟),扣 1 分。答题时语音错误,每个音节扣 0.1 分,如判断错误已经扣分,不重复扣分。

(四)朗读短文(1 篇,400 个音节),限时 4 分钟,共 30 分。

1.目的:测查应试人使用普通话朗读书面作品的水平。在测查声母、韵母、声调读音标准程度的同时,重点测查连读音变、停连、语调以及流畅程度。

2.要求:

(1)短文从《普通话水平测试用朗读作品》中选取。

(2)评分以朗读作品的前 400 个音节(不含标点符号和括注的音节)为限。

3.评分:

(1)每错 1 个音节,扣 0.1 分;漏读或增读 1 个音节,扣 0.1 分。

(2)声母或韵母的系统性语音缺陷,视程度扣 0.5 分、1 分。

(3)语调偏误,视程度扣 0.5 分、1 分、2 分。

(4)停连不当,视程度扣 0.5 分、1 分、2 分。

(5)朗读不流畅(包括回读),视程度扣 0.5 分、1 分、2 分。

(6)超时扣 1 分。

(五)命题说话,限时 3 分钟,共 30 分。

1.目的:测查应试人在无文字凭借的情况下说普通话的水平,重点测查语音标准程度、词汇语法规范程度和自然流畅程度。

2.要求:

(1)说话话题从《普通话水平测试用话题》中选取,由应试人从给定的两个话题中选定 1 个话题,连续说一段话。

(2)应试人单向说话。如发现应试人有明显背稿、离题、说话难以继续等表现时,主试人应及时提示或引导。

3.评分:

(1)语音标准程度,共 20 分。分六档:

一档:语音标准,或极少有失误。扣 0 分、0.5 分、1 分。

二档:语音错误在 10 次以下,有方音但不明显。扣 1.5 分、2 分。

三档:语音错误在 10 次以下,但方音比较明显;或语音错误在 10 次—15 次之间,有方音但不明显。扣 3 分、4 分。

四档:语音错误在 10 次—15 次之间,方音比较明显。扣 5 分、6 分。

五档:语音错误超过 15 次,方音明显。扣 7 分、8 分、9 分。

六档:语音错误多,方音重。扣 10 分、11 分、12 分。

(2)词汇语法规范程度,共 5 分。分三档:

一档:词汇、语法规范。扣 0 分。

二档:词汇、语法偶有不规范的情况。扣 0.5 分、1 分。

三档:词汇、语法屡有不规范的情况。扣 2 分、3 分。

(3)自然流畅程度,共 5 分。分三档:

一档:语言自然流畅。扣 0 分。

二档:语言基本流畅,口语化较差,有背稿子的表现。扣 0.5 分、1 分。

三档:语言不连贯,语调生硬。扣 2 分、3 分。

说话不足 3 分钟,酌情扣分:缺时 1 分钟以内(含 1 分钟),扣 1 分、2 分、3 分;缺时 1 分钟以上,扣 4 分、5 分、6 分;说话不满 30 秒(含 30 秒),本测试项成绩计为 0 分。

四、应试人普通话水平等级的确定

国家语言文字工作部门发布的《普通话水平测试等级标准》是确定应试人普通话水平等级的依据。测试机构根据应试人的测试成绩确定其普通话水平等级,由省、自治区、直辖市以上语言文字工作部门颁发相应的普通话水平测试等级证书。

普通话水平划分为三个级别,每个级别内划分两个等次。其中:

97 分及其以上,为一级甲等;

92 分及其以上但不足 97 分,为一级乙等;

87 分及其以上但不足 92 分,为二级甲等;

80 分及其以上但不足 87 分,为二级乙等;

70 分及其以上但不足 80 分,为三级甲等;

60 分及其以上但不足 70 分,为三级乙等。

*说明:各省、自治区、直辖市语言文字工作部门可以根据测试对象或本地区的实际情况,决定是否免测"选择判断"测试项。如免测此项,"命题说话"测试项的分值由 30 分调整为 40 分。评分档次不变,具体分值调整如下:

(1)语音标准程度的分值,由 20 分调整为 25 分。

一档:扣 0 分、1 分、2 分。

二档:扣 3 分、4 分。

三档:扣 5 分、6 分。

四档:扣 7 分、8 分。

五档:扣 9 分、10 分、11 分。

六档:扣 12 分、13 分、14 分。

(2)词汇语法规范程度的分值,由5分调整为10分。

一档:扣0分。

二档:扣1分、2分。

三档:扣3分、4分。

(3)自然流畅程度,仍为5分,各档分值不变。

第三章　普通话水平测试样卷

一、读100个单音节字词

昼	*八	迷	*先	毡	*皮	幕	*美	彻	*飞
鸣	*破	捶	*风	豆	*蹲	霞	*掉	桃	*定
宫	*铁	翁	*念	劳	*天	旬	*沟	狼	*口
靴	*娘	嫩	*机	蕊	*家	跪	*绝	趣	*全
瓜	*穷	屡	*知	狂	*正	裘	*中	恒	*社
槐	*事	轰	*竹	掠	*茶	肩	*常	概	*虫
皇	*水	君	*人	伙	*自	滑	*早	绢	*足
炒	*次	渴	*酸	勤	*鱼	筛	*院	腔	*爱
鳖	袖	滨	竖	搏	刷	瞟	帆	彩	愤
司	滕	寸	恋	岸	勒	歪	尔	熊	妥

(标 * 的是"表一"里频度在1—4000条之间的字词。正式试卷不必标出。)

覆盖声母情况：

b:4,p:3,m:4,f:4,d:4,t:5,n:3,l:6,g:5,k:3,h:6,j:6,q:6,x:6,zh:6,ch:6,sh:6,r:2,z:3,c:3,s:2,零声母:7。

总计:100次。未出现声母:0。

覆盖韵母情况：

a:2,e:4,-i(前):3,-i(后):2,ai:4,ei:2,ao:4,ou:4,an:3,en:3,ang:2,eng:4,i:3,ia:2,ie:2,iao:2,iou:2,ian:4,in:2,iang:2,ing:2,u:4,ua:3,uo/o:4,uai:2,uei:4,uan:2,uen:2,uang:2,ong:4,ueng:1,ü:3,üe:3,üan:3,ün:2,iong:2,er:1。

总计:100次。未出现韵母:0。

覆盖声调情况：

阴平:28;阳平:31;上声:14;去声:27。

总计:100。

二、读多音节词语

(100个音节;其中含双音节词语45个,三音节词语2个,四音节词语1个)

*取得	阳台	*儿童	夹缝儿	混淆	衰落	*分析	防御
沙丘	*管理	*此外	便宜	光环	*塑料	扭转	加油
*队伍	挖潜	女士	*科学	*手指	策略	抢劫	*森林
侨眷	模特儿	港口	没准儿	*干净	日用	*紧张	炽热
*群众	名牌儿	沉醉	*快乐	窗户	*财富	*应当	生字
奔跑	*晚上	卑劣	包装	洒脱	*现代化	*委员会	
轻描淡写							

覆盖声母情况：

b:3,p:3,m:4,f:4,d:5,t:4,n:2,l:7,g:4,k:3,h:5,j:6,q:7,x:5,zh:6,ch:3,sh:6,r:2,z:2,c:3,s:3,零声母:13。

总计:100次。未出现声母:0。

覆盖韵母情况：

a:2,e:6,-i(前):2,-i(后):4,ai:4,ei:2,ao:2,ou:2,an:2,en:4,ang:5,eng:2,i:3,ia:2,ie:3,iao:4,iou:3,ian:3,in:2,iang:2,ing:4,u:4,ua:2,uo/o:3,uai:3,uei:4,uan:4,uen:2,uang:3,ong:2,ü:3,üe:2,üan:2,ün:1,iong:1,er:1。

总计:100次。未出现韵母:ueng。

其中儿化韵母4个:-engr(夹缝儿),-uenr(没准儿),-er(模特儿),-air(名牌儿)。

覆盖声调情况：

阴平:23;阳平:24;上声:19;去声:30;轻声:4。

其中上声和上声相连的词语4条:管理、扭转、手指、港口。

总计:100。

三、朗读短文

请朗读第12号短文。

四、命题说话

请按照话题"我的一天"或"家乡(熟悉的地方)"说一段话(3分钟)。

*说明:各省、自治区、直辖市语言文字工作部门可以根据测试对象或本地区的实际情况,决定是否免测"选择判断"测试项。如免测此项,"命题说话"测试项的分值由30分调整为40分。评分档次不变,具体分值调整如下:

(1)语音标准程度的分值,由20分调整为25分。

一档:扣0分、1分、2分。

二档:扣3分、4分。

三档:扣 5 分、6 分。

四档:扣 7 分、8 分。

五档:扣 9 分、10 分、11 分。

六档:扣 12 分、13 分、14 分。

(2)词汇语法规范程度的分值,由 5 分调整为 10 分。

一档:扣 0 分。

二档:扣 1 分、2 分。

三档:扣 3 分、4 分。

(3)自然流畅程度,仍为 5 分,各档分值不变。

第四章　普通话水平测试等级标准（试行）

（国家语言文字工作委员会1997年12月5日颁布，国语〔1997〕64号）

一级

甲等　朗读和自由交谈时，语音标准，词语、语法正确无误，语调自然，表达流畅。测试总失分率在3%以内。

乙等　朗读和自由交谈时，语音标准，词语、语法正确无误，语调自然，表达流畅。偶然有字音、字调失误。测试总失分率在8%以内。

二级

甲等　朗读和自由交谈时，声韵调发音基本标准，语调自然，表达流畅。少数难点音（平翘舌音、前后鼻尾音、边鼻音等）有时出现失误。词语、语法极少有误。测试总失分率在13%以内。

乙等　朗读和自由交谈时，个别调值不准，声韵母发音有不到位现象。难点音（平翘舌音、前后鼻尾音、边鼻音、fu-hu、z-zh-j、送气不送气、i-ü 不分，保留浊塞音和浊塞擦音、丢介音、复韵母单音化等）失误较多。方言语调不明显。有使用方言词、方言语法的情况。测试总失分率在20%以内。

三级

甲等　朗读和自由交谈时，声韵调发音失误较多，难点音超出常见范围，声调调值多不准。方言语调较明显。词语、语法有失误。测试总失分率在30%以内。

乙等　朗读和自由交谈时，声韵调发音失误较多，方言特征突出。方言语调明显。词语、语法失误较多。外地人听其谈话有听不懂情况。测试总失分率在40%以内。

第五章　普通话水平测试管理规定

（中华人民共和国教育部令　第51号）

第一条　为规范普通话水平测试管理，促进国家通用语言文字的推广普及和应用，根据《中华人民共和国国家通用语言文字法》，制定本规定。

第二条　普通话水平测试（以下简称测试）是考查应试人运用国家通用语言的规范、熟练程度的专业测评。

第三条　国务院语言文字工作部门主管全国的测试工作，制定测试政策和规划，发布测试等级标准和测试大纲，制定测试规程，实施证书管理。

省、自治区、直辖市人民政府语言文字工作部门主管本行政区域内的测试工作。

第四条　国务院语言文字工作部门设立或者指定国家测试机构，负责全国测试工作的组织实施、质量监管和测试工作队伍建设，开展科学研究、信息化建设等，对地方测试机构进行业务指导、监督、检查。

第五条　省级语言文字工作部门可根据需要设立或者指定省级及以下测试机构。省级测试机构在省级语言文字工作部门领导下，负责本行政区域内测试工作的组织实施、质量监管，设置测试站点，开展科学研究和测试工作队伍建设，对省级以下测试机构和测试站点进行管理、监督、检查。

第六条　各级测试机构和测试站点依据测试规程组织开展测试工作，根据需要合理配备测试员和考务人员。

测试员和考务人员应当遵守测试工作纪律，按照测试机构和测试站点的组织和安排完成测试任务，保证测试质量。

第七条　测试机构和测试站点要为测试员和考务人员开展测试提供必要的条件，合理支付其因测试工作产生的通信、交通、食宿、劳务等费用。

第八条　测试机构和测试站点应当健全财务管理制度，按照标准收取测试费用。

第九条　测试员分为省级测试员和国家级测试员，具体条件和产生办法由国家测试机构另行规定。

第十条　以普通话为工作语言的下列人员，在取得相应职业资格或者从事相应岗位工作前，应当根据法律规定或者职业准入条件的要求接受测试：

（一）教师；

（二）广播电台、电视台的播音员、节目主持人；

（三）影视话剧演员；

（四）国家机关工作人员；

（五）行业主管部门规定的其他应该接受测试的人员。

第十一条 师范类专业、播音与主持艺术专业、影视话剧表演专业以及其他与口语表达密切相关专业的学生应当接受测试。

高等学校、职业学校应当为本校师生接受测试提供支持和便利。

第十二条 社会其他人员可自愿申请参加测试。

在境内学习、工作或生活3个月及以上的港澳台人员和外籍人员可自愿申请参加测试。

第十三条 应试人可根据实际需要，就近就便选择测试机构报名参加测试。

视障、听障人员申请参加测试的，省级测试机构应积极组织测试，并为其提供必要的便利。视障、听障人员测试办法由国务院语言文字工作部门另行制定。

第十四条 普通话水平等级分为三级，每级分为甲、乙两等。一级甲等须经国家测试机构认定，一级乙等及以下由省级测试机构认定。

应试人测试成绩达到等级标准，由国家测试机构颁发相应的普通话水平测试等级证书。

普通话水平测试等级证书全国通用。

第十五条 普通话水平测试等级证书分为纸质证书和电子证书，二者具有同等效力。纸质证书由国务院语言文字工作部门统一印制，电子证书执行《国家政务服务平台标准》中关于普通话水平测试等级证书电子证照的行业标准。

纸质证书遗失的，不予补发，可以通过国家政务服务平台查询测试成绩，查询结果与证书具有同等效力。

第十六条 应试人对测试成绩有异议的，可以在测试成绩发布后15个工作日内向原测试机构提出复核申请。

测试机构接到申请后，应当在15个工作日内作出是否受理的决定。如受理，须在受理后15个工作日内作出复核决定。

具体受理条件和复核办法由国家测试机构制定。

第十七条 测试机构徇私舞弊或者疏于管理，造成测试秩序混乱、作弊情况严重的，由主管的语言文字工作部门给予警告、暂停测试资格直至撤销测试机构的处理，并由主管部门依法依规对直接负责的主管人员或者其他直接责任人员给予处分；构成犯罪的，依法追究刑事责任。

第十八条 测试工作人员徇私舞弊、违反测试规定的,可以暂停其参与测试工作或者取消测试工作资格,并通报其所在单位予以处理;构成犯罪的,依法追究刑事责任。

第十九条 应试人在测试期间作弊或者实施其他严重违反考场纪律行为的,组织测试的测试机构或者测试站点应当取消其考试资格或者考试成绩,并报送国家测试机构记入全国普通话水平测试违纪人员档案。测试机构认为有必要的,还可以通报应试人就读学校或者所在单位。

第二十条 本规定自 2022 年 1 月 1 日起施行。2003 年 5 月 21 日发布的《普通话水平测试管理规定》(教育部令第 16 号)同时废止。

第六章 普通话水平测试规程

为有效保障普通话水平测试实施,保证普通话水平测试的公正性、科学性、权威性和严肃性,依据《普通话水平测试管理规定》(教育部令第51号),制定本规程。

第一章 统筹管理

第一条　国务院语言文字工作部门设立或指定的国家测试机构负责全国测试工作的组织实施和质量监管。

省级语言文字工作部门设立或指定的省级测试机构负责本行政区域内测试工作的组织实施和质量监管。

第二条　省级测试机构应于每年10月底前明确本行政区域内下一年度测试计划总量及实施安排。

省级测试机构应按季度或月份制订测试计划安排,并于测试开始报名前10个工作日向社会公布。

第三条　省级测试机构应于每年1月底前向国家测试机构和省级语言文字工作部门报送上一年度测试工作总结。国家测试机构应于每年2月底前向国务院语言文字工作部门报送全国测试工作情况。

第二章 测试站点

第四条　省级测试机构在省级语言文字工作部门领导下负责设置测试站点。测试站点的设立要充分考虑社会需求,合理布局,满足实施测试所需人员、场地及设施设备等条件。测试站点建设要求由国家测试机构另行制定。

测试站点不得设立在社会培训机构、中介机构或其他营利性机构或组织。

第五条　省级测试机构应将测试站点设置情况报省级语言文字工作部门,并报国家测试机构备案。本规程发布后新设立或撤销的测试站点,须在设立或撤销的1个月内报国家测试机构备案。

第六条　在国务院语言文字工作部门的指导下,国家测试机构可根据工作需要设立测试站点。

第七条　测试站点设立和撤销信息应及时向社会公开。

第三章　考场设置

第八条　测试站点负责安排考场,考场应配备管理人员、测试员、技术人员以及其他考务人员。

第九条　考场应设有候测室和测试室,总体要求布局合理、整洁肃静、标识清晰,严格落实防疫、防传染病要求,做好通风消毒等预防性工作,加强考点卫生安全保障。

候测室供应试人报到、采集信息、等候测试。候测室须张贴或播放应试须知、测试流程等。

测试室每个机位应为封闭的独立空间,每次只允许1人应试;暂时不具备条件须利用教室或其他共用空间开展测试的,各测试机位间隔应不少于1.8米。

第十条　普通话水平测试采用计算机辅助测试(简称机辅测试)。用于测试的计算机应安装全国统一的测试系统,并配备话筒、耳机、摄像头等必要的设施设备。

经国家测试机构同意,特殊情况下可采用人工测试并配备相应设施设备。

第四章　报名办法

第十一条　参加测试的人员通过官方平台在线报名。测试站点暂时无法提供网上报名服务的,报名人员可持有效身份证件原件在测试站点现场报名。

第十二条　非首次报名参加测试人员,须在最近一次测试成绩发布之后方可再次报名。

第五章　测试试卷

第十三条　测试试卷由国家测试机构统一编制和提供,各级测试机构和测试站点不得擅自更改、调换试卷内容。

第十四条　测试试卷由测试系统随机分配,应避免短期内集中重复使用。

第十五条　测试试卷仅限测试时使用,属于工作秘密,测试站点须按照国家有关工作秘密相关要求做好试卷保管工作,任何人不得泄露或外传。

第六章　测试流程

第十六条　应试人应持准考证和有效身份证件原件按时到指定考场报到。迟到30分钟以上者,原则上应取消当次测试资格。

第十七条　测试站点应认真核对确认应试人报名信息。因应试人个人原因导致信息不一致的,取消当次测试资格。

第十八条　应试人报到后应服从现场考务人员安排。进入测试室时,不得携带手机等各类具有无线通信、拍摄、录音、查询等功能的设备,不得携带任何参考资料。

第十九条 测试过程应全程录像。暂不具备条件的,应采集应试人在测试开始、测试进行、测试结束等不同时段的照片或视频,并保存不少于3个月。

第二十条 测试结束后,经考务人员确认无异常情况,应试人方可离开。

第七章　成绩评定

第二十一条 测试成绩评定的基本依据是《普通话水平测试大纲》和《计算机辅助普通话水平测试评分试行办法》。

第二十二条 "读单音节字词""读多音节词语""朗读短文"测试项由测试系统评分。

"选择判断"和"命题说话",由2位测试员评分;或报国家测试机构同意后试行测试系统加1位测试员评分。

测试最终成绩保留小数点后1位小数。

第二十三条 测试成绩由省级测试机构或国家测试机构认定发布。

测试成绩在一级乙等及以下的,由省级测试机构认定,具体实施办法由国家测试机构另行规定。

测试成绩达到一级甲等的,由省级测试机构复审后提交国家测试机构认定。

未经认定的成绩不得对外发布。

第二十四条 一级乙等及以下的成绩认定原则上在当次测试结束后30个工作日内完成。一级甲等的成绩认定顺延15个工作日。

第二十五条 应试人对测试成绩有异议的,可以在测试成绩发布后15个工作日内向其参加测试的站点提出复核申请。具体按照《普通话水平测试成绩申请复核暂行办法》执行。

第八章　等级证书

第二十六条 等级证书的管理按照《普通话水平测试等级证书管理办法》执行。

第二十七条 符合更补证书条件的,按以下程序办理证书更补:

(一)应试人向其参加测试的站点提交书面申请以及本人有效身份证复印件、等级证书原件或国家政务服务平台的查询结果等相关材料。

(二)省级语言文字工作部门或省级测试机构每月底审核汇总更补申请,加盖公章后提交国家测试机构。国家测试机构自受理之日起15个工作日内予以更补。

(三)纸质证书更补时效为自成绩发布之日起1年内,逾期不予受理。

第二十八条 应试人应及时领取纸质证书。自成绩发布之日起1年后未领取的纸质证书,由测试机构按照内部资料予以清理销毁。

第九章 数据档案

第二十九条 测试数据档案包括测试数据和工作档案。

第三十条 测试数据包括报名信息、成绩信息、测试录音、测试试卷、现场采集的应试人照片等电子档案。测试数据通过测试系统归档,长期保存。调取和使用已归档保存的测试数据,须经省级测试机构或国家测试机构同意。

第三十一条 数据档案管理者及使用人员应采取数据分类、重要数据备份和加密等措施,维护数据档案的完整性、保密性和可用性,防止数据档案泄露或者被盗窃、篡改。

第三十二条 测试工作档案包括测试计划和工作总结、考场现场情况记录、证书签收单据、成绩复核资料等,由各级测试机构和测试站点自行妥善保管,不得擅自公开或外传。

第十章 监督检查

第三十三条 国家测试机构对各级测试机构和测试站点进行业务指导、监督、检查。省级测试机构对省级以下测试机构和测试站点进行管理、监督、检查。

第三十四条 监督检查的范围主要包括计划完成情况、测试实施流程、试卷管理、成绩评定、证书管理、数据档案管理等。监督检查可采用现场视导、查阅资料、测试录音复审、测试数据分析等方式。

第十一章 违规处理

第三十五条 未按要求开展工作的测试机构和测试工作人员,按照《普通话水平测试管理规定》(教育部令第51号)有关规定处理。省级测试机构须在处理完成后10个工作日内将相关情况报省级语言文字工作部门,并报国家测试机构备案。

第三十六条 受到警告处理的测试站点,应在1个月内完成整改,经主管的语言文字工作部门验收合格后可撤销警告。再次受到警告处理的,暂停测试资格。

第三十七条 受到暂停测试资格处理的测试站点,应在3个月内完成整改,经主管的语言文字工作部门验收合格后方可重新开展测试。再次受到暂停测试资格处理的,永久取消其测试资格。

第三十八条 非不可抗拒的因素连续2年不开展测试业务的测试站点由省级测试机构予以撤销。

第三十九条 测试现场发现替考、违规携带设备、扰乱考场秩序等行为的,取消应试人当次测试资格。公布成绩后被认定为替考的,取消其当次测试成绩,已发放的证书予以作废,并记入全国普通话水平测试违纪人员档案,视情况通报应试人就读学校或所在单位。

第十二章 附则

第四十条 省级测试机构可根据实际情况在省级语言文字工作部门指导下制定实施细则,并报国家测试机构备案。

第四十一条 视障、听障人员参加测试的,按照专门办法组织实施。

第四十二条 如遇特殊情况,确有必要对常规测试流程做出适当调整的,由省级语言文字工作部门报国务院语言文字工作部门批准后实施。

第四十三条 本规程自 2023 年 4 月 1 日起施行。2003 年印发的《普通话水平测试规程》和 2008 年印发的《计算机辅助普通话水平测试操作规程(试行)》同时废止。

第七章 普通话水平智能测试系统操作流程

一、测试流程视频介绍

普通话水平测试流程简介

二、测试流程图文介绍

考生按照准考证上的要求按时到达指定地点后,向工作人员出示身份证、准考证。工作人员将核对考生身份并分批采集考生信息(照片、指纹)等,随机分配测试室。信息采集后,考生在指定地点候测。

前一批次测试结束,考生请在工作人员引导下进入对应的测试室。图 7-1 是测试时考生登录界面。

图 7-1

考生进入测试室后,戴上耳机,鼠标点击"登录",进行人脸验证。如图7-2。

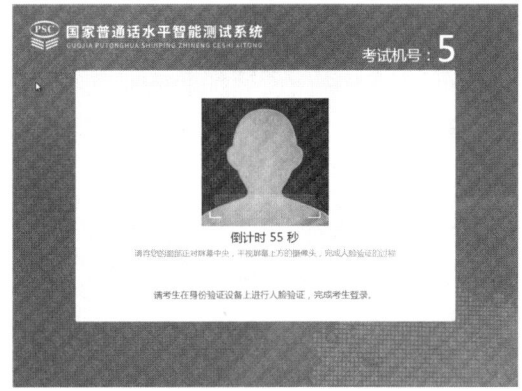

图 7-2

人脸验证时,建议考生前后、左右、上下转动头脸,以便快速验证。

备注:如果考生参加测试的站点采用的是指纹验证,则会在采集信息时采集考生的指纹,那么考生进入测试室时将需要进行指纹验证。如图7-3至7-4。

图 7-3

图 7-4

验证通过后,系统将显示考生的个人信息。考生鼠标点击"确定"。如图 7-5。

图 7-5

登录成功,系统提示"等待试音指令"。如果验证失败,考生请向现场工作人员反馈。如图 7-6。

图 7-6

试音开始,系统会有提示音,请在"嘟"声提示后朗读界面上的文字。测试全程建议考生不要手扶话筒,同时控制音量、速度。如图 7-7。

图 7-7

试音成功,等待考场指令。如图 7-8。

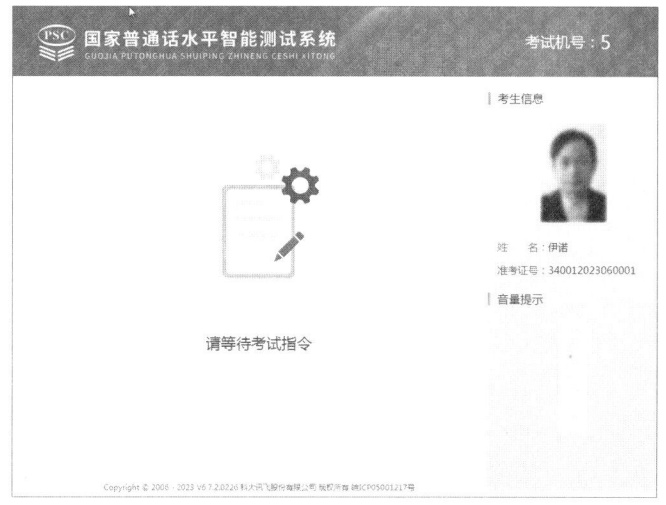

图 7-8

需要同一批次所有考生都试音成功,才开始正式考试。图 7-9 为第一题测试时系统界面。考生请控制好音量和语速。第一题的字词读完后,鼠标点击"下一题"。

图 7-9

图 7-10 为第二题测试时系统界面。考生请控制好音量和语速。第二题显示的字词读完后,鼠标点击"下一题"。

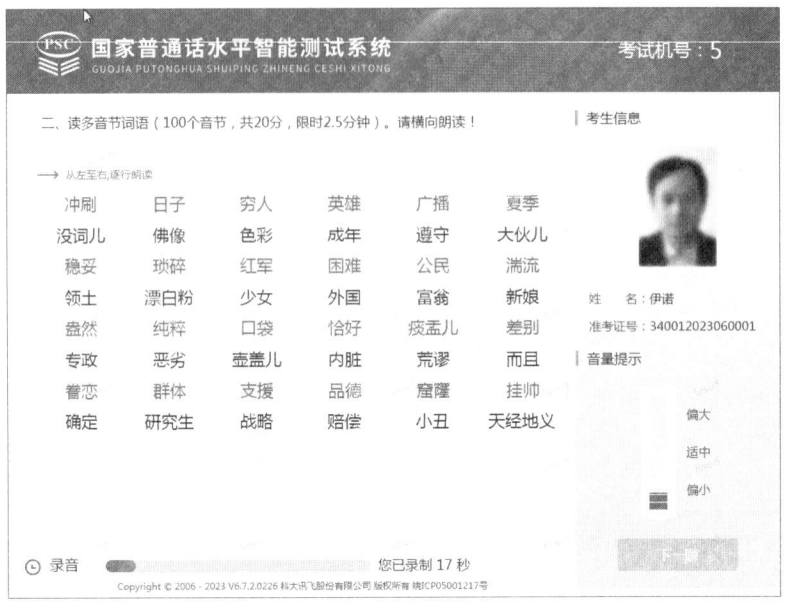

图 7-10

图 7-11 为第三题测试时系统界面。考生请控制好音量和语速。第三题显示的文章读完后，鼠标点击"下一题"。

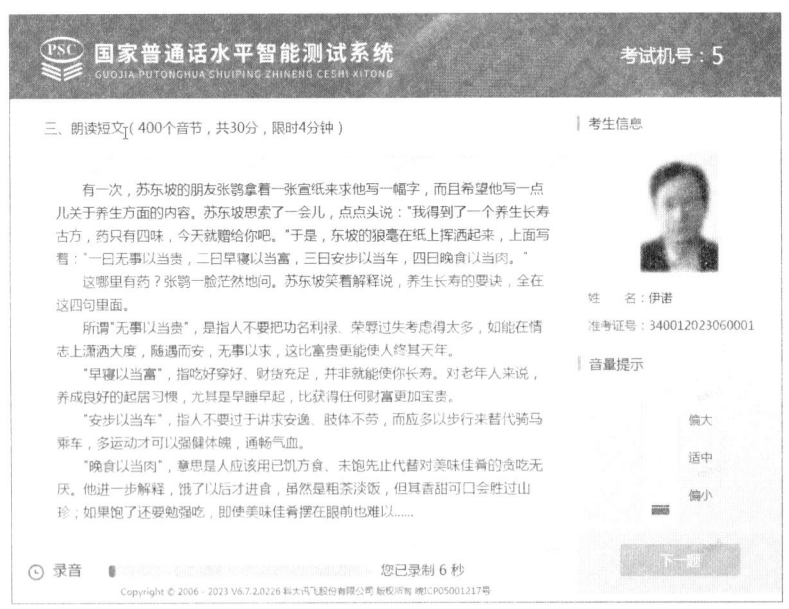

图 7-11

图 7-12 为第四题测试时系统界面。系统会显示两个话题供考生选择,考生需要在 10 秒内用鼠标点选准备说的题目。考生超过 10 秒未点击,系统将默认为第一个话题。

图 7-12

考生选择完话题后,系统会给考生 30 秒的准备时间。考生可以在这 30 秒里调整状态,大致考虑所说内容框架。如图 7-13。

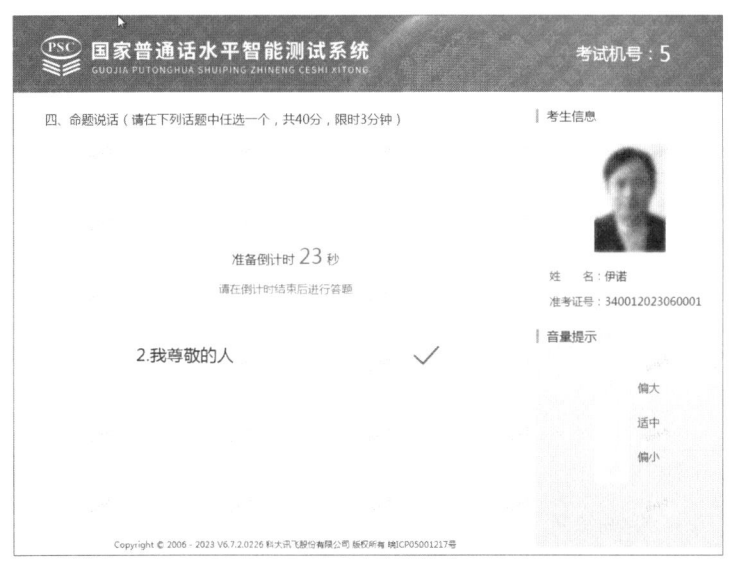

图 7-13

30秒倒计时结束,考生以"我的说话题目是……"开始答题。此题给的时间是3分钟,3分钟后系统将自动结束。如图7-14。

图 7-14

系统提示"您已完成考试,请摘下耳机,安静离开"。若提示其他信息,请及时向现场工作人员反映。如图7-15。

图 7-15

第八章 有关行业人员普通话合格标准

根据各行业的规定,有关从业人员的普通话水平达标要求如下:

中小学及幼儿园、校外教育单位的教师,普通话水平不低于二级,其中语文教师不低于二级甲等,普通话语音教师不低于一级。高等学校的教师,普通话水平不低于三级甲等,其中现代汉语教师不低于二级甲等,普通话语音教师不低于一级。对外汉语教学教师,普通话水平不低于二级甲等。

报考中小学、幼儿园教师资格的人员,普通话水平不低于二级。

师范类专业以及各级职业学校的与口语表达密切相关专业的学生,普通话水平不低于二级。

国家公务员,普通话水平不低于三级甲等。

国家级、省级广播电台和电视台的播音员或节目主持人,普通话水平应达到一级甲等;其他广播电台、电视台的播音员或节目主持人的普通话达标要求按国家广播电视总局的规定执行。

话剧、电影、电视剧、广播剧等表演或配音演员,播音、主持专业和影视表演专业的教师或学生,普通话水平不低于一级。

公共服务行业的特定岗位人员(如广播员、解说员、话务员等),普通话水平不低于二级甲等。

普通话水平应达标人员的年龄上限以有关行业的文件为准。

附录1 全国普通话水平测试机构(站点)信息汇总表

为提供普通话水平测试便民查询服务,现将全国普通话水平测试机构(站点)相关信息公布如下。应试人可以扫描下方二维码查询相关信息。

第二部分

普通话语音

第九章　普通话语音概述

第一节　什么是普通话

普通话是以北京语音为标准音,以北方话为基础方言,以典范的现代白话文著作为语法规范的现代汉民族通用语。普通话是中华人民共和国通用语言。

汉语是全世界历史最悠久、富有音乐性和表现力的语言之一,我国有90%以上的人口说汉语,各兄弟民族之间也大部分以汉语作为交际的语言。

普通话作为联合国工作语言之一,已成为中外文化交流的重要桥梁和外国人学习中文的首选语言。今天,随着我国国际地位的不断提升,汉语在世界上的使用范围越来越广,各国学习汉语的朋友日益增多。世界上越来越多的人认识到,掌握汉语,就意味着跟上了时代,拥有了未来。

一、以北京语音为标准音

普通话以北京语音作为标准音,是历史发展的结果。但是以北京语音作为标准音并不是以某一个北京人或某一些北京人的口语发音作为标准音,而是以北京音系的语音系统作为标准音。

什么叫北京音系?简单地说,《汉语拼音方案》就写出了北京音系。其中的声母、韵母、声调都是从北京语音的一般常用音节里分析出来的,它们或是北京语音音素,或是音节结构中的重要成分。它们与音节的构成都有明确的、固定的规律。普通话语音系统中有22个声母、39个韵母和4个声调,除此以外,还有变调、轻声、儿化等现象。

普通话和北京话不能画等号。普通话是规范化的汉民族共同语,而北京话不过是一种方言,只在北京地方使用,为这一地方的人所熟悉、所接受。例如:京剧里的"京白"、曲艺中的相声等就是方言色彩浓厚的北京话。

二、以北方话为基础方言

汉语有七大方言区,即北方方言区[分布在长江以北,镇江以西、九江以东的长江南岸沿江地带,四川、云南、贵州、湖北(东南角除外)等省,湖北西北角、广西西北部]、吴方言区［分布于上海、江苏省长江以南镇江以东地区（不包括镇江）、南通的小部地区、浙江省大部分地区］、湘方言区［湖南省大部分地区（西北角除外）］、赣方言区［江西省大部分地区（东北沿长江地区和南部除外）及湖北省东南、福建西北、安徽西南、湖南东部部分地区］、客家方言区（广东、广西、福建和江西部分地区）、闽方言区（福建、台湾、广东潮汕一带及海南省部分地区）和粤方言区（广东中部及西南部地区、广西东南部地区）。

普通话在词汇方面以北方方言作为基础方言，充分考虑了北方方言词汇使用人口众多和分布广泛的情况。在我国七大方言中，说北方方言的人约占汉族人数的70%，其覆盖区域也很广，占汉语地区的3/4，北方方言内部比较一致。另外普通话还从其他非基础方言里吸收了许多有特殊表现力的方言词，继承了古代汉语中仍然有生命力的古词语，借用了一些交际必需的外来词，这都使得普通话的词汇更加丰富。

三、以典范的现代白话文著作为语法规范

普通话的语法是以经过提炼加工的书面语，即典范的现代白话文著作为语法规范。"典范的"是指典型的可以作为范本的，"现代"划定了时间范围，"白话文"是针对文言文而言的。普通话要遵循白话文的语法规范，这符合推广、普及普通话的要求。总之，普通话作为现代汉语标准语，是一种服务于全国的通用语，是现阶段汉民族语言统一的基础。

普通话是语音、词汇和语法的统一体，我们在学习普通话时，要把它作为一个整体来把握，任何一个方面都不可缺少。

普通话语音的学习实践性很强，需要从发音和辨正两个方面去努力。需要掌握一定的语音学的理论知识，明确正确的发音部位和发音方法，要在语流中规范声母、韵母和声调。要凭借掌握的语音知识成系统地纠正受方言影响的语音习惯，以达到事半功倍的效果。准确、熟练是语音学习的基本要求，学习中需要我们动脑，更需要我们动口，通过反复的实践以加深记忆，形成条件反射。

第二节　普通话语音概念

普通话：以北京语音为标准音，以北方话为基础方言，以典范的现代白话文著作为语法规范的现代汉民族共同语。

语音：人的发音器官发出的代表一定意义的声音。

音节：用听觉可以区分的语音结构基本单位。在汉语中一般来说一个汉字的读音即为一个音节。普通话常用基本无调音节为400个，加上四声变化及轻声、儿化韵，音

节总数为 1 300 多个。

音素:语音的最小单位。普通话中有 32 个音素,其中元音音素 10 个,辅音音素 22 个。

音位:从语言的社会功能出发,不是把语音仅仅看成是物理或生理的差别,而是在某种语言中,把语音归纳为数目有限的具有辨义作用的语音单位。

元音:音素的一种。发音时呼出气流在口腔中不受明显阻碍,呼出气流较弱,发音器官肌肉均衡紧张,声带颤动,声音响亮清晰。

单元音:即单纯元音。在发音过程中,音质始终不变的一个元音。在普通话中它包括一般单纯元音(舌面元音)以及特殊元音,一共有 10 个。

一般单纯元音:又叫舌面元音,发音过程中舌位的活动在舌面。

一般单纯元音的发音条件:决定一般单纯元音音色的条件,分别有舌位的高低(口腔的开闭)、舌位的前后以及唇形的圆展。

舌位:发元音时舌面隆起的最高点,即最接近上腭的一点,又叫近腭点。

舌面元音舌位图:是一种示意图。四个端点分别表示发音时舌位在口腔中上下前后四个极端位置。用直线将四个端点连接起来形成一个四边形。四边形横面分为前、央、后,用以表示舌位的前后;竖面分为低、半低、半高、高,用以表示舌位的高低(口腔的开闭)。竖线的左侧标记不圆唇音,右侧标记圆唇音。这种示意方式是世界通用的。见图 9-1。

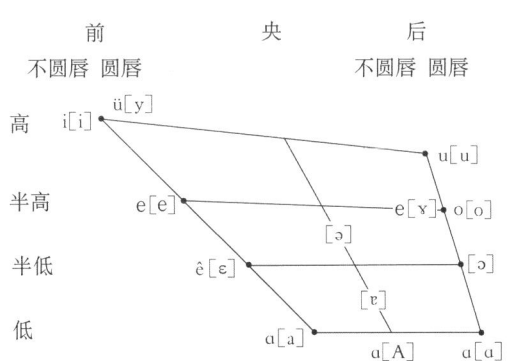

图 9-1　普通话舌面元音舌位唇形图([ ]号内是国际音标)

特殊元音:普通话语音中所包括的以舌尖运动或卷舌动作形成的元音音素。

舌尖元音:特殊元音的一种,靠舌尖运动形成的元音音素。普通话中一共有两个,分别是舌尖前元音 [ɿ] 和舌尖后元音 [ʅ]。

卷舌元音:特殊元音的一种,靠卷舌动作形成的元音音素。普通话中卷舌元音只有一个音素 [ər]。

复合音：两个或三个元音音素组成的音组或单元音、复合元音后面附带鼻尾音组成的音组统称为复合音。

复合元音：由两个或三个元音音素组成的音组。

舌位动程：复合元音的发音过程是由几个元音音素的舌位连续移动而形成的。舌位移动的过程叫舌位动程。

复合鼻尾音：单纯元音或复合元音的后面附带鼻辅音［n］或［ŋ］做尾音的复合音。

辅音：音素的一类。发辅音时呼出气流在口腔中明显受到阻碍，呼出气流较强，发音器官对气流构成阻碍的部位肌肉紧张，大部分辅音发音时声带不颤动。普通话中辅音音素有22个。见表9-1。

发音部位：发辅音时口腔对呼出气流构成阻碍的部位。普通话中22个辅音音素的发音部位共有七处，即双唇阻、唇齿阻、舌尖前阻、舌尖中阻、舌尖后阻、舌面阻、舌根阻。

发音方法：发辅音时呼出气流破除发音部位所构成阻碍的方法。普通话中22个辅音音素的发音方法可分为五种，即塞音、擦音、塞擦音、鼻音和边音。

送气与否：配合发音方法对辅音发音条件进行的区分。在塞音和塞擦音中按呼出气流的强弱区分为送气音和不送气音两组辅音音素。

清浊区分：配合发音方法对辅音发音条件进行的区分。清音指发辅音时声带不颤动，浊音指发辅音时声带颤动。普通话22个辅音音素中只有鼻音（m、n、ng）、边音（l）和擦音（r）5个辅音音素为浊音，其余17个均为清辅音。

表9-1 普通话辅音发音要领表

发音方法		发音部位	双唇（上唇下唇）	唇齿（上齿下唇内侧）	舌尖前（舌尖齿背）	舌尖中（舌尖上齿龈）	舌尖后（舌尖后硬腭前）	舌面前（舌面前硬腭前）	舌根（舌根软腭）
塞音	清	不送气	b			d			g
		送气	p			t			k
塞擦音	清	不送气			z		zh	j	
		送气			c		ch	q	
鼻音	浊		m			n			ng
边音	浊					l			
擦音	清			f	s		sh	x	h
	浊						r		

辅音发音过程：发辅音时，从准备发音到发音结束的过程一般可分为成阻、持阻、除阻三个阶段。不同的发音方法三个阶段的状态各有不同。

成阻：发辅音过程的开始阶段，即发音过程中阻碍作用开始形成，发音器官从静止或其他状态转到发一种辅音时所必须构成阻碍状态的过程。

持阻：发辅音过程的中间阶段，即发音过程中阻碍作用的持续，发音器官从开始成阻到最后除阻的一种中间过程。

除阻：发辅音过程的最后阶段，即发音过程中阻碍作用的解除，发音器官从某种阻碍状态转到原来静止或其他状态的一种过程。

声母：按汉语语音学的传统分析方法，把一个汉语音节起头的辅音叫作声母。普通话有21个辅音声母。

零声母：按汉语语音学的传统分析方法，把汉语音节中没有辅音声母的叫零声母。

韵母：按汉语语音学的传统分析方法，把汉语音节中声母以后的部分叫韵母。韵母由单元音或复合音充当。普通话中有39个韵母。

四呼：按汉语语音学的传统分析方法，根据韵母起头元音的唇形特点，将韵母分为开口呼、齐齿呼、合口呼、撮口呼四类。四呼即指开、齐、合、撮四类韵母。

声调：汉语音节所固有的，可以区别意义的声音的高低和升降。

调类：声调的种类。普通话有四个调类，即阴平、阳平、上声和去声。

调值：声调的实值，即声调的实际读法，也叫调型，指声音高低、升降、曲直、长短的形式。普通话有高平调、高升调、降升调、全降调四种调值形式，按五度标记法调值分别标记为55、35、214、51。

语流音变：在语流中由于受到相邻音节的相邻音素的影响，一些音节中的声母、韵母、声调会发生语音的变化，我们称之为语流音变。普通话中语流音变现象主要表现为轻声、儿化、语气词"啊"的变化和变调。其中变调包括上声变调、去声变调、"一"和"不"的变调以及重叠形容词变调。

轻声：普通话中每个音节都有自己的声调，可是在语流中有些音节常常失去原有的声调而被说成较轻、较短的调子，叫作轻声。

儿化：儿化又叫儿化韵，是普通话和某些汉语方言中的一种语音现象，即词的后缀"儿"不自成音节，而同前面的音节合在一起，使前一音节的韵母变为卷舌韵母。

第十章　普通话声母

第一节　什么是声母

声母,是一个汉语音节起头的辅音。普通话声母22个,其中辅音声母21个,零声母1个。

双唇音:b、p、m。

唇齿音:f。

舌尖前音:z、c、s。

舌尖中音:d、t、n、l。

舌尖后音:zh、ch、sh、r。

舌面音:j、q、x。

舌根音:g、k、h。

我国著名的语言学家、《汉语拼音方案》的主要制订者周有光先生,选了21个汉字,每个字代表一个声母,编成一首诗,题目是《采桑》,内容如下:

ch　r　q　m　z　c　s　j　t　n
春　日　起　每　早,采　桑　惊　啼　鸟。

　f　　g　p　b　x　h　k　l　zh　d　sh
　风　过　扑　鼻　香,花　开　落,知　多　少。

第二节　声母的分类

普通话22个声母中有21个由辅音充当,我们可以根据辅音的发音部位和发音方法给声母分类。见表10-1。

表 10-1　普通话辅音声母总表

发音方法 \ 发音部位			唇音				舌尖前音		舌尖中音		舌尖后音		舌面前音		舌面后音（舌根音）	
			双唇音		唇齿音											
			上唇	下唇	上齿	下唇	舌尖	齿背	舌尖	上齿龈	舌尖	硬腭前	舌面前	硬腭前	舌面后	软腭
塞音	清音	不送气音	b						d						g	
		送气音	p						t						k	
塞擦音	清音	不送气音					z				zh		j			
		送气音					c				ch		q			
擦音	清音				f		s				sh		x		h	
	浊音										r					
鼻音	浊音		m						n							
边音	浊音								l							

一、按发音部位分类

普通话辅音声母按发音部位可分为七类：

(1)双唇音：上唇和下唇闭合构成阻碍。双唇音声母有 3 个：b、p、m。

(2)唇齿音：下唇和上齿靠拢构成阻碍。唇齿音声母只有 1 个：f。

(3)舌尖前音(也称作"平舌音")：舌尖向上门齿背接触或接近构成阻碍。舌尖前音声母有 3 个：z、c、s。

(4)舌尖中音：舌尖和上齿龈接触构成阻碍。舌尖中音声母有 4 个：d、t、n、l。

(5)舌尖后音(也称作"翘舌音")：舌尖向硬腭前端接触或接近构成阻碍。舌尖后音声母有 4 个：zh、ch、sh、r。

(6)舌面音(也称作"舌面前音")：以舌面为主动器官，舌面前部向硬腭前部接触或接近构成阻碍。舌面前音声母有 3 个：j、q、x。

(7)舌根音(也称作"舌面后音")：舌根向硬腭和软腭的交界处接触或接近构成阻碍。舌根音声母有 3 个：g、k、h。

二、按发音方法分类

发音方法是指发音时发音器官构成阻碍的方式和克服阻碍的方法。发音方法包括阻碍的方式、声带是否振动、呼出气流的强弱三个方面。因此普通话声母按发音方法的不同，可以从以下三个方面来分类：

(一) 按阻碍的方式分类

普通话辅音声母的发音可以分为形成阻碍、持续阻碍、消除阻碍三个阶段。根据形成阻碍和消除阻碍的不同方式，普通话声母可以分为以下五类：

(1) 塞音：发音时，构成阻碍的两个部位完全闭合（即发音部位靠紧），挡住气流，同时使软腭上升关闭气流通往鼻腔的通路，然后突然打开闭合部位，使气流从口腔中爆破而出。塞音声母有 6 个：b、p、d、t、g、k。

(2) 擦音：发音时，构成阻碍的两个部位接近，形成一条缝隙，同时软腭上升堵塞鼻腔通路，并且气流在这种阻碍持续的状态下从窄缝中挤出，摩擦成声。擦音声母有 6 个：f、h、x、sh、s、r。

(3) 塞擦音：发音时，构成阻碍的两个部位完全闭合，挡住气流，同时软腭上升堵塞鼻腔通路，然后气流把阻碍部位冲开形成一条缝隙，并从窄缝中摩擦成声，即发音的前一阶段像塞音，后一阶段像擦音。塞擦音声母有 6 个：j、q、zh、ch、z、c。

(4) 鼻音：发音时，构成阻碍的两个部位完全闭合，同时软腭下降，打开鼻腔通路，气流振动声带，并从鼻腔中流出成声。鼻音声母有 2 个：m、n。

(5) 边音：发音时，舌尖上翘抵住上齿龈，但舌头的两边要留有空隙，同时软腭上升堵塞鼻腔通路，气流振动声带，并从舌头两边的空隙中流出成声。普通话中仅有 1 个边音：l。

(二) 按声带是否振动分类

根据发音时声带是否振动，普通话辅音声母可以分为以下两类：

(1) 清音：发音时声带不振动发出的音。

(2) 浊音：发音时声带振动发出的音。

在普通话的 21 个辅音声母中，m、n、l、r 四个声母发音时声带振动，是浊音；其余 17 个声母 b、p、f、d、t、g、k、h、j、q、x、zh、ch、sh、z、c、s 发音时声带都不振动，是清音。

(三) 按呼出气流的强弱分类

根据发音时呼出气流的强弱，塞音和塞擦音可以分为以下两类：

(1) 送气音：发音时呼出的气流较强的音。送气音有 6 个：p、t、k、q、ch、c。

(2) 不送气音：发音时呼出的气流较弱的音。不送气音有 6 个：b、d、g、j、zh、z。

送气与不送气是相对而言的。每发一个音都要用气，只是有的音送出的气流较弱，有的音送出的气流较强。普通话中的送气音与不送气音是成对出现的。擦音、鼻音、边音没有送气与不送气的区别。

第三节　声母的发音练习

一、声母发音训练

声母发音过程有三个阶段：成阻、持阻、除阻。声母的发音部位不同，吐字时的着力点就不一样。如 b、p、m，发音时着力点在双唇；d、t 着力点在舌尖，靠舌尖的弹力发音。因此，发声母音时不要拖长，要"咬住"、弹开。

b——双唇、不送气、清、塞音

双唇闭合，同时软腭上升，关闭鼻腔通路；气流到达双唇后蓄气；凭借积蓄在口腔中的气流突然打开双唇成声。

字的练习：

部 bù　变 biàn　博 bó　帮 bāng　包 bāo

词的练习：

编制 biānzhì　悲壮 bēizhuàng　白菜 báicài　并进 bìngjìn　备用 bèiyòng

p——双唇、送气、清、塞音

成阻和持阻阶段与 b 相同。除阻时，声门（声带开合处）大开，从肺部呼出一股较强气流成声。

字的练习：

趴 pā　拍 pāi　跑 pǎo　鹏 péng　平 píng

词的练习：

胚胎 pēitāi　皮包 píbāo　赔偿 péicháng　评判 píngpàn　排列 páiliè

m——双唇、浊、鼻音

双唇闭合，软腭下垂，打开鼻腔通路；声带振动，气流同时到达口腔和鼻腔，在口腔的双唇后受到阻碍，气流从鼻腔透出成声。

字的练习：

马 mǎ　满 mǎn　灭 miè　忙 máng　秒 miǎo

词的练习：

脉搏 màibó　名望 míngwàng　梦幻 mènghuàn　麻雀 máquè　面容 miànróng

绕口令练习：

八百标兵

八百标兵奔北坡，炮兵并排北边跑。

炮兵怕把标兵碰,标兵怕碰炮兵炮。(b、p)

炮兵和步兵

炮兵攻打八面坡,炮兵排排炮弹齐发射。
步兵逼近八面坡,歼敌八千八百八十多。(b、p、m)

葡萄皮儿

青葡萄,紫葡萄,青葡萄没紫葡萄紫,吃葡萄不吐葡萄皮,不吃葡萄倒吐葡萄皮。(b、p)

巴老爷和芭蕉树

巴老爷有八十八棵芭蕉树,来了八十八个把式要在巴老爷八十八棵芭蕉树下住。巴老爷拔了八十八棵芭蕉树,不让八十八个把式在八十八棵芭蕉树下住。八十八个把式烧了八十八棵芭蕉树,巴老爷在八十八棵树边哭。(b)

一平盆面

一平盆面,烙一平盆饼,饼碰盆,盆碰饼。(b、p)

爸爸抱宝宝

爸爸抱宝宝,跑到布铺买布做长袍。宝宝穿了长袍不会跑,跑了八步就拉破了布长袍。布长袍破了还要用布补,再跑到布铺买布补长袍。(b、p、m)

白庙和白猫

白庙外蹲一只白猫,白庙里有一顶白帽。白庙外的白猫看见了白帽,叼着白庙里的白帽跑出了白庙。(b、m)

f——唇齿、清、擦音

下唇向上靠拢,形成间隙;软腭上升,关闭鼻腔通路;使气流从唇齿形成的间隙摩擦通过而成声。

字的练习:

帆 fān　夫 fū　份 fèn　风 fēng　房 fáng

词的练习:

愤然 fènrán　丰富 fēngfù　翻腾 fānténg　分红 fēnhóng　方位 fāngwèi

绕口令练习:

画凤凰

粉红墙上画凤凰,凤凰画在粉红墙。红凤凰、粉凤凰、红粉凤凰、花凤凰。(f)

一座棚

一座棚傍峭壁旁,峰边喷泻瀑布长。不怕暴雨飘泼冰雹落,不怕寒风扑面雪飘扬,并排分班翻山攀坡把宝找,聚宝盆里松柏飘香百宝藏。背宝奔跑报矿炮劈火,篇篇捷报飞伴金凤凰。(b、p、f)

缝飞凤

粉红女发奋缝飞凤,女粉红反缝方法繁。飞凤仿佛发放芬芳,方法非凡反复防范。反缝方法仿佛飞凤,反复翻缝飞凤奋飞。(f)

d——舌尖中、不送气、清、塞音

舌尖抵住上齿龈,形成阻塞;软腭上升,关闭鼻腔通路;气流到达口腔后蓄气,突然解除阻塞成声。

字的练习:

丹 dān　道 dào　抖 dǒu　段 duàn　叠 dié

词的练习:

地域 dìyù　对等 duìděng　电商 diànshāng　党章 dǎngzhāng　定价 dìngjià

t——舌尖中、送气、清、塞音

成阻、持阻阶段与 d 相同。除阻阶段声门大开,从肺部呼出一股较强的气流成声。

字的练习：

投 tóu　托 tuō　唐 táng　跳 tiào　挺 tǐng

词的练习：

提醒 tíxǐng　投入 tóurù　条约 tiáoyuē　天王 tiānwáng　泰山 tàishān

n——舌尖中、浊、鼻音

舌尖抵住上齿龈，形成阻塞；软腭下垂，打开鼻腔通路；声带振动，气流同时到达口腔和鼻腔，在口腔受到阻碍，气流从鼻腔透出成声。

字的练习：

男 nán　囊 náng　纳 nà　娘 niáng　嫩 nèn

词的练习：

暖气 nuǎnqì　农历 nónglì　能量 néngliàng　内部 nèibù　年关 niánguān

l——舌尖中、浊、边音

舌尖抵住上齿龈，阻塞气流从口腔中路通过的通道；软腭上升，关闭鼻腔通路，声带振动；气流到达口腔后从舌头跟两颊内侧形成的空隙通过成声。

字的练习：

来 lái　老 lǎo　龙 lóng　泪 lèi　狼 láng

词的练习：

蓝图 lántú　流泪 liúlèi　笼统 lóngtǒng　礼品 lǐpǐn　露珠 lùzhū

绕口令练习：

打特盗

调到敌岛打特盗，特盗太刁投短刀。挡推顶打短刀掉，踏盗得刀盗打倒。（d、t）

白石塔

白石塔，白石搭。白石搭白塔，白塔白石搭，搭好白石塔，白塔白又大。（d、t）

谭老汉买蛋和炭

谭家谭老汉，挑担到蛋摊。买了半担蛋，挑担到炭摊。买了半担炭，满担是蛋炭。老汉忙回赶，回家炒蛋饭。进门跨门槛，脚下绊一绊。跌了谭老汉，破了半担蛋。翻了半担炭，脏了木门槛。老汉看一看，急得满头汗。连说怎么办，老汉怎吃蛋炒饭。（d、t）

小丽小齐学捏梨

盘里放着一个梨,桌上放块橡皮泥。小丽小齐学捏梨,眼看梨,手捏泥,一会儿捏成一个梨。比一比,真梨假梨差不离。(n、l)

老奶牛

你能不能把公路柳树下的老奶牛,拉到牛南山下牛奶站的挤奶房来,挤了牛奶拿到柳林村,送给岭南乡托儿所的刘奶奶。(n、l)

妞妞牛牛

牛牛要吃河边柳,妞妞赶牛牛不走。妞妞护柳扭牛头,牛牛扭头瞅妞妞。妞妞扭牛牛更拗,牛牛要顶小妞妞。妞妞捡起小石头,吓得牛牛扭头走。(n、l)

牛郎恋刘娘

牛郎年年恋刘娘,刘娘年年念牛郎。牛郎恋刘娘,刘娘念牛郎。郎恋娘来娘念郎。(n、l)

g——舌面后、不送气、清、塞音

舌面后部隆起抵住硬腭和软腭交界处,形成阻塞;软腭上升,关闭鼻腔通路;气流在形成阻塞的部位后积蓄,突然解除阻塞而成声。

字的练习:

国 guó　购 gòu　怪 guài　关 guān　盖 gài

词的练习:

光明 guāngmíng　功效 gōngxiào　干旱 gānhàn　故障 gùzhàng　高烧 gāoshāo

k——舌面后、送气、清、塞音

成阻、持阻阶段与 g 相同。除阻阶段声门大开,从肺部呼出一股较强气流成声。

字的练习:

课 kè　跨 kuà　口 kǒu　砍 kǎn　肯 kěn

词的练习:

靠山 kàoshān　抗衡 kànghéng　口号 kǒuhào　开幕 kāimù　恐高 kǒnggāo

h——舌面后、清、擦音

舌面后部隆起接近硬腭和软腭的交界处,形成间隙;软腭上升,关闭鼻腔通路;使气流从形成的间隙摩擦通过而成声。

字的练习:

红 hóng　好 hǎo　话 huà　含 hán　汇 huì

词的练习:

花白 huābái　幻觉 huànjué　绰号 chuòhào　挥发 huīfā　枯黄 kūhuáng

绕口令练习:

哥挎瓜筐过宽沟

哥挎瓜筐过宽沟,赶快过沟看怪狗。光看怪狗瓜筐扣,瓜滚筐空哥怪狗。(g、k)

古老街上胡古老

古老街上胡古老,古老街下古老胡,古老街上的胡古老,找古老街下的古老胡比古老。结果不知是胡古老的古老,比古老胡的古老古老,还是古老胡的古老,比古老的古老古老?(g、h、l)

j——舌面前、不送气、清、塞擦音

舌尖抵住下门齿背,前舌面贴紧前硬腭,软腭上升,关闭鼻腔通路。在阻塞的部位后面积蓄气流,突然解除阻塞时,在原形成闭塞的部位之间保持适度的间隙,气流从间隙透出而成声。

字的练习:

交 jiāo　京 jīng　久 jiǔ　君 jūn　江 jiāng

词的练习:

狡猾 jiǎohuá　僵持 jiāngchí　进程 jìnchéng　家具 jiājù　真菌 zhēnjūn

q——舌面前、送气、清、塞擦音

成阻阶段与 j 相同。不同的是当前舌面与前硬腭分离并形成适度间隙的时候,声门开启,同时伴有一股较强的气流成声。

字的练习:

权 quán　且 qiě　群 qún　腔 qiāng　前 qián

词的练习：

清净 qīngjìng　穷困 qióngkùn　接洽 jiēqià　迁就 qiānjiù　起因 qǐyīn

x——舌面前、清、擦音

舌尖抵住下门齿背，前舌面接近硬腭前部，形成适度的间隙，气流从空隙摩擦通过而成声。

字的练习：

新 xīn　项 xiàng　训 xùn　险 xiǎn　小 xiǎo

词的练习：

现场 xiànchǎng　协助 xiézhù　效率 xiàolǜ　项目 xiàngmù　勋章 xūnzhāng

绕口令练习：

七加一

七加一，七减一，加完减完等于几？七加一，七减一，加完减完还是七。（j、q）

漆匠和锡匠

七巷一个漆匠，西巷一个锡匠，七巷漆匠用了西巷锡匠的锡，西巷锡匠拿了七巷漆匠的漆，七巷漆匠气西巷锡匠用了漆，西巷锡匠讥七巷漆匠拿了锡。（j、q、x）

zh——舌尖后、不送气、清、塞擦音

舌头前部上举，舌尖抵住硬腭前端；同时软腭上升，关闭鼻腔通路；在形成阻塞的部位后积蓄气流，突然解除阻塞时，在原形成闭塞的部位之间保持适度的间隙，气流从间隙透出而成声。

字的练习：

站 zhàn　周 zhōu　找 zhǎo　摘 zhāi　章 zhāng

词的练习：

住宿 zhùsù　站岗 zhàngǎng　专门 zhuānmén　政法 zhèngfǎ　重型 zhòngxíng

ch——舌尖后、送气、清、塞擦音

成阻阶段与 zh 相同。不同的是在突然解除阻塞时，声门开启，同时伴有一股较强的气流成声。

字的练习：

超 chāo　成 chéng　畅 chàng　臣 chén　冲 chōng

词的练习：

超市 chāoshì　拆卸 chāixiè　春天 chūntiān　厂商 chǎngshāng　传授 chuánshòu

sh——舌尖后、清、擦音

舌头前部上举,接近硬腭前端,形成适度的间隙;同时软腭上升,关闭鼻腔通路;气流从间隙摩擦通过而成声。

字的练习：

山 shān　收 shōu　栓 shuān　圣 shèng　睡 shuì

词的练习：

烧饼 shāobǐng　手指 shǒuzhǐ　伤寒 shānghán　水源 shuǐyuán　食堂 shítáng

r——舌尖后、浊、擦音

舌头前部上举,接近硬腭前端,形成适度间隙;同时软腭上升,关闭鼻腔通路;气流从间隙摩擦通过成声。发音部位与 sh 相同,不同的是声带振动,摩擦轻微。

字的练习：

润 rùn　肉 ròu　容 róng　刃 rèn　然 rán

词的练习：

人生 rénshēng　热量 rèliàng　弱势 ruòshì　瑞丽 ruìlì　容纳 róngnà

绕口令练习：

学时事

史老师,讲时事,常学时事长知识。时事学习看报纸,报纸登的是时事。常看报纸要多思,心里装着天下事。（zh、ch、sh）

我要问百度知道

我要问百度知道："知道不知道？"知道就知道,不知道就不知道。不要知道说不知道,不知道说知道,到头来知道变成不知道,不知道还是不知道。天知道、地知道、百度知道知道,若要问我知道不知道,知道不知道也不知道！（zh）

晒人肉

日头热,晒人肉,晒得心里好难受。晒人肉,好难受,晒得头上直冒油。（sh、r）

z——舌尖前、不送气、清、塞擦音

舌尖抵住上门齿背形成阻塞,在阻塞的部位后积蓄气流;同时软腭上升,关闭鼻腔通路;突然解除阻塞时,在原形成阻塞的部位之间保持适度的间隙,气流从间隙透出而成声。

字的练习:

在 zài　造 zào　总 zǒng　则 zé　赃 zāng

词的练习:

组织 zǔzhī　总结 zǒngjié　赞美 zànměi　增长 zēngzhǎng　灾害 zāihài

c——舌尖前、送气、清、塞擦音

成阻阶段与 z 相同。与 z 不同的是在突然解除阻塞时,声门开启,同时伴有一股较强的气流成声。

字的练习:

才 cái　村 cūn　从 cóng　仓 cāng　错 cuò

词的练习:

粗暴 cūbào　餐厅 cāntīng　拼凑 pīncòu　脆弱 cuìruò　草图 cǎotú

s——舌尖前、清、擦音

舌尖接近上门齿背,形成间隙;同时软腭上升,关闭鼻腔通路;气流从间隙摩擦通过成声。

字的练习:

松 sōng　算 suàn　损 sǔn　僧 sēng　扫 sǎo

词的练习:

散步 sànbù　骚扰 sāorǎo　唆使 suōshǐ　搜寻 sōuxún　损害 sǔnhài

绕口令练习:

做早操

早晨早早起,早起做早操。人人做早操,做操身体好。(z、c)

四和十

四是四,十是十,十四是十四,四十是四十。谁能说准四十、十四、四十四,谁来试一试。谁说十四是四十,就打谁十四。谁说四十是细席,就打谁四十。(s、sh)

山前有个崔粗腿

山前有个崔粗腿,山后有个崔腿粗。二人山前来比腿,不知是崔粗腿比崔腿粗的腿粗,还是崔腿粗比崔粗腿的腿粗?(c)

零声母

零声母也是一种声母。实验语音学证明,零声母往往有特定的、具有某些辅音特性的起始方式。普通话零声母可以分为两类,一类是开口呼零声母,一类是非开口呼零声母。

非开口呼零声母即除开口呼以外的齐齿呼、合口呼、撮口呼三种零声母的起始方式。

齐齿呼零声母音节汉语拼音用隔音字母 y 开头,由于起始部分没有辅音声母,实际发音带有轻微摩擦,是半元音[j],半元音仍属辅音类。

合口呼零声母音节,汉语拼音用隔音字母 w 开头,实际发音带有轻微摩擦,是半元音[w]。

撮口呼零声母音节,汉语拼音用隔音字母 y 开头,实际发音带有轻微的摩擦,是半元音[ɥ]。

词的练习:

威望 wēiwàng　　万物 wànwù　　洋溢 yángyì　　语言 yǔyán　　医药 yīyào

第四节　声母的对比分辨训练

一、声母不送气音与送气音的对比

(一)字的对比

b—p	j—q	d—t	zh—ch	g—k	z—c
八—趴	交—敲	大—踏	至—赤	改—慨	载—踩
博—婆	即—其	但—碳	招—超	干—堪	脏—仓
泵—碰	经—清	动—痛	砖—穿	钢—康	宗—聪
部—铺	江—枪	多—托	中—充	共—空	租—粗

(二)词的对比

b—p	j—q	d—t	zh—ch	g—k	z—c
摆布—摆谱	建设—牵涉	胆识—谈事	张网—怅惘	改革—凯歌	早市—草市
芭比—扒皮	讲师—强势	道路—套路	战胜—缠身	古墓—枯木	呲嘴—擦嘴
伙伴—河畔	积极—区级	搭台—塔台	郑重—承重	巩固—控股	脏腑—藏富
鲍伯—爆破	奖励—强力	倒台—淘汰	整治—城池	公馆—空管	坐视—错事

(三)交替对比

b—p	并排	背叛	本品	爆棚	p—b	赔本	配备	破壁	攀比
d—t	单体	地毯	歹徒	答题	t—d	态度	投递	唐代	特等
g—k	感慨	钢盔	功课	高考	k—g	枯干	可观	开工	考官
j—q	技巧	加强	近期	减轻	q—j	迁就	琴键	枪击	亲家
zh—ch	职场	专场	展出	正常	ch—zh	车展	沉着	成真	迟滞
z—c	自此	早餐	杂草	足彩	c—z	存在	词组	嘈杂	刺字

(四)朗读练习

她的一双小手几乎冻僵了。啊,哪怕一根小小的火柴,也会对她有好处的!她敢从成把的火柴里抽出一根在墙上擦燃,暖和暖和手吗?她抽出一根火柴。哧!燃起来了,冒出火焰来了!多么温暖光明的火焰啊,简直像一支小蜡烛,她就把手拢上去。是的,这是一道奇异的火光!女孩觉得自己好像坐在一个装着闪亮的铜脚铜捏手的大火炉面前。火炉里的火烧得亮光光的,暖烘烘的,她觉得多么舒服啊!

二、声母"f"与"h"的对比

有些方言有 f 和 h 混淆不清现象。这两个音发音方法相同,都是清擦音,但发音部位不同。f 的受阻部位是下唇与上门齿,h 是舌根与软腭。

(一)字的对比

f	发	飞	凡	粉	防	冯
h	哈	黑	寒	很	航	横

(二)词的对比

f	肺腑	方法	反复	仿佛	奋发	芬芳
h	航海	花卉	毁坏	欢呼	荷花	缓和

(三)交替对比

f—h		凤凰	繁华	附和	防护	
h—f		恢复	会费	活佛	荒废	
f—h	开发—开花	开方—开荒		公费—工会		废话—绘画

(四)朗读练习

一场夜雨,洗落了高原上的漫天尘沙。天蓝得出奇,碧澄的湖水也为之逊色。天空燃烧着朝霞,像一簇簇盛开在山尖的红花,一群苍鹰刚健地在云边飞旋,越飞越高。清凉的晨风夹带着野花和奶子的香味儿,扑鼻而来,沁人心脾。呵,多美丽的早晨呀!

(五)绕口令练习

黄幌子和方幌子

老方扛着个黄幌子,老黄扛着个方幌子。老方要拿老黄的方幌子,老黄要拿老方的黄幌子。老黄老方不相让,方幌子碰破了黄幌子,黄幌子碰破了方幌子。(f、h)

理发和理化

我们要学理化,他们要学理发。理化不是理发,理发也不是理化。理化理发要分清,学会理化却不会理发,学会理发却不会理化。(f、h)

粉红衣、太空服

华华有两件粉红衣,红红有两件太空服,华华想要太空服,红红想穿粉红衣。华华送红红一件粉红衣,红红给华华一件太空服,她们每人都有一件粉红衣和一件太空服。(f、h)

三、声母"n"与"l"的对比

有些方言区分不清舌尖音中n与l两个音。这两个音的发音部位是一样的,都是舌尖与上齿龈成阻,但二者主要是以发音方法来区分的。n是鼻音,软腭下垂,打开鼻腔通路,气流从鼻子里出来;l是边音,舌尖抵住上齿龈后部,舌头的两边留有空隙,气流是从舌头两边出来的。

(一)字的对比

n	那	耐	内	脑	难	农
l	腊	赖	泪	老	兰	龙

(二)词的对比

n	牛奶	泥泞	恼怒	能耐	男女	忸怩
l	流利	嘹亮	玲珑	劳力	流量	留恋

(三)交替对比

n—l	哪里	脑力	奴隶	耐劳	
l—n	烂泥	连年	留念	冷暖	
n—l	女客—旅客	男子—篮子	难住—拦住	留念—留恋	大娘—大梁

(四)朗读练习

感人的歌声留给人的记忆是长远的。无论哪一首激动人心的歌,最初在哪里听过,那里的情景就会深深地留在记忆里。

(五)绕口令练习

练一练,念一念

练一练,念一念,n、l要分辨。l是舌边音,n是鼻音要靠前。你来练,我来念,不怕累,不怕难,齐努力,攻难关。(n、l)

老农闹老龙

老龙恼怒闹老农,老农恼怒闹老龙,
农怒龙恼农更怒,龙恼农怒龙怕农。(n、l)

满、懒、难

学习就怕满、懒、难,心里有了满、懒、难,

不看不钻,就不前。

心里丢掉满、懒、难,

永不自满,边学边干,蚂蚁也能搬泰山。(n、l)

四、声母平舌音与翘舌音的对比

很多方言区的人分不清平舌音与翘舌音,这两组声母发音方法相同,但发音部位不同。平舌音是舌尖与下齿背成阻,翘舌音是舌尖与硬腭前部成阻。正确掌握发音部位是区分这两组声母的关键。要想说对"平"(z)舌头碰牙齿,要想说对"翘"(zh)舌头别伸直。

(一)字的对比

z—zh	c—ch	s—sh
杂—闸	嚓—叉	瑟—射
则—哲	此—齿	斯—诗
兹—之	才—柴	腮—筛
栽—摘	草—炒	艘—收
早—找	餐—掺	伞—闪
奏—咒	仓—猖	丧—商

(二)词的对比

z—zh	c—ch	s—sh
藏族—壮族	擦车—叉车	桑叶—商业
字迹—制剂	祠堂—池塘	搜集—收集
自学—治学	猜疑—差役	僧侣—深绿
奏折—皱褶	操场—超常	死记—史记
赞扬—瞻仰	残疾—禅机	思绪—失序
钻营—专营	粗细—出戏	三角—山脚

(三)交替对比

z—zh	赞助 载重 杂志 总之 组织 作者 在职 增长	zh—z	沼泽 主宰 振作 知足 职责 至尊 著作 准则
c—ch	操场 擦车 财产 辞呈 草创 促成 彩车 存储	ch—c	差错 车次 纯粹 尺寸 揣测 虫草 船舱 场次
s—sh	撒手 赛事 丧失 扫射 宿舍 诉说 随身 缩水	sh—s	申诉 世俗 哨所 深思 疏散 寿司 失算 收缩

(四)朗读训练

回顾党的历史,我们党总是在推动社会革命的同时,勇于推动自我革命,始终坚持真理、修正错误,敢于正视问题、克服缺点,勇于刮骨疗毒、去腐生肌。正因为我们党始终坚持这样做,才能够在危难之际绝处逢生、失误之后拨乱反正,成为永远打不倒、压不垮的马克思主义政党。

(五)绕口令练习

抱子看报纸

报纸是报纸,抱子是抱子,报纸抱子两回事。抱子不是报纸,看报纸不是看抱子,只能抱子看报纸。(z、zh)

撕字纸

刚往墙上糊字纸,你就隔着窗户撕字纸。一次撕下横字纸,一次撕下竖字纸,横竖撕了四十四张湿字纸。是字纸你就撕字纸,不是字纸你就不要胡乱地撕一地纸。(z、zh)

石狮子 涩柿子

山前有四十四棵死涩柿子树,山后有四十四只石狮子。山前的四十四棵死涩柿子树,涩死了山后的四十四只石狮子。山后的四十四只石狮子,咬死了山前的四十四棵死涩柿子树。不知是山前的四十四棵死涩柿子树涩死了山后的四十四只石狮子,还是山后的四十四只石狮子咬死了山前的四十四棵死涩柿子树。(s、sh)

为四化献青春

小曹小晁是同窗,他们共采一个矿。工作同在一工厂,改革路子一起闯。共同为厂制政策,齐心协力来贯彻。大胆改革攻难关,餐风饮露不畏难。初出茅庐主力军,同为四化献青春。(c、ch)

五、声母舌面音与翘舌音、"r"与"l"和"r"与"y"的对比

有些方言把舌面音念得近似翘舌音。舌面音是舌面与硬腭成阻,翘舌音是舌尖与硬腭前部成阻。

有些方言r与l和r与y也有混淆不清的现象。要根据发音特点把这几个音区别开。r与l是声母,r是翘舌音,l是舌尖浊边音,y是零声母的一种标记方式,实际读音为半元音[j]和[ɥ]。

(一)j 与 zh

娇气—朝气　兼顾—瞻顾　杂技—杂志

住家—驻扎　捐助—专注　眷属—撰述

(二)q 与 ch

浅明—阐明　砖墙—专长　强盗—肠道

(三)x 与 sh

洗礼—失礼　逍遥—烧窑　电线—电扇

(四)r 与 l

必然—碧蓝　余热—娱乐　阻燃—阻拦

求饶—囚牢　衰弱—衰落　乳汁—卤汁

(五)r 与 y

染色—眼色　绕道—要道　人质—银质

忍痛—隐痛　如果—雨果　仍旧—营救

第十一章　普通话韵母

第一节　什么是韵母

韵母是汉语音节中声母以后的部分。韵母由单元音或复合音充当。普通话中有39个韵母。见表11-1。

表11-1　普通话韵母及例字

	i 闭地七益	u 布亩竹出	ü 女律局域
a 巴打铡法	ia 加佳瞎压	ua 瓜抓刷画	
e 哥社得合	ie 爹界别叶		üe 靴月略确
o 波魄抹佛		uo 多果若握	
ai 该太白麦		uai 怪坏帅外	
ei 杯飞黑贼		uei 对穗惠卫	
ao 包高茂勺	iao 标条交药		
ou 头周口肉	iou 牛秋九六		
an 半担甘暗	ian 边点减烟	uan 短川关碗	üan 捐全远
en 本分枕根	in 林巾心因	uen 吞寸昏问	ün 军训孕
ang 当方港航	iang 良江向样	uang 壮窗荒王	
eng 蓬灯能庚	ing 冰丁京杏	ueng 翁	
		ong 东龙冲公	iong 兄永穷
ê 欸			
-i(前) 资此思			
-i(后) 支赤湿日			
er 耳二			

以上是39个韵母。《现代汉语词典》中还有一个叫yo(唷或哟)，这样一共40个韵母。我国著名的语言学家、《汉语拼音方案》的主要制定者周有光先生编了一首五言八句的诗，叫《捕鱼》，涵盖了全部韵母，如下：

en üan iang ong ie ang ua i ou ing
人 远 江   空 夜，浪 滑 一 舟 轻。

er iong ê yo iao u e ai a eng
儿 咏 欸 唷 调， 橹 和 嗳 啊 声。

uang ao o in üe an uan uei ian ün
网   罩 波 心 月， 竿 穿   水 面 云。

ü ia iou ueng ei uai uo -i(前)-i(后)un
鱼 虾 留 瓮   内， 快 活 四   时 春。

第二节 韵母的分类

按语音结构进行分类，韵母可以分为三大类，即单韵母、复韵母和鼻韵母。

按汉语语音学的传统分析方法，根据韵母起头元音的唇形特点，将韵母分为开口呼、齐齿呼、合口呼、撮口呼四类。四呼即指开、齐、合、撮四类韵母。见表11-2。

表11-2 普通话韵母总表

按结构分 \ 按口形分	开口呼	齐齿呼	合口呼	撮口呼
单韵母	-i(前) -i(后)	i	u	ü
	a			
			o	
	e			
	ê			
	er			
复韵母	ai	ia	ua	üe
	ei	ie	uo	
	ao	iao	uai	
	ou	iou	uei	
鼻韵母	an	ian	uan	üan
	en	in	uen	ün
	ang	iang	uang	
	eng	ing	ueng	
			ong	iong

第三节　韵母的发音练习

一、单韵母

a——舌面、央、低、不圆唇元音

发音时，口自然大开，扁唇，舌头居中央，舌面中部略隆起，舌尖置于下齿龈，声带振动。软腭上升，关闭鼻腔通路。

字的练习：

擦 cā　炸 zhà　沙 shā　坝 bà　罚 fá

词的练习：

茶楼 chálóu　夸大 kuādà　夹杂 jiāzá　眨眼 zhǎyǎn　疤痕 bāhén

o——舌面、后、半高、圆唇元音

发音时，口半闭，圆唇，舌头后缩，舌面后部略隆起，舌尖置于下齿龈后，声带振动。软腭上升，关闭鼻腔通路。

字的练习：

膜 mó　坡 pō　博 bó　佛 fó　抹 mǒ

词的练习：

默念 mòniàn　迫使 pòshǐ　佛教 fójiào　菠萝 bōluó　摩托 mótuō

e——舌面、后、半高、不圆唇元音

发音时，口半闭，扁唇，舌头后缩，舌面后部略隆起，舌面两边微卷，舌面中部稍凹，舌尖置于下齿龈后，嘴角向两边微展，声带振动。软腭上升，关闭鼻腔通路。

字的练习：

这 zhè　彻 chè　色 sè　客 kè　则 zé

词的练习：

色调 sèdiào　责令 zélìng　特约 tèyuē　热情 rèqíng　合成 héchéng

ê——舌面、前、半低、不圆唇元音

发音时，口自然打开，扁唇，舌面前部略隆起，舌尖抵住下齿背，嘴角向两边微展，声带振动。软腭上升，关闭鼻腔通路。

在普通话中，ê只在语气词"欸"中单用。ê不与任何辅音声母相拼，只构成复韵母ie、üe，并在书写时省去上面的附加符号。

i——舌面、前、高、不圆唇元音

发音时，口微开，扁唇，上下齿相对，舌头前伸，舌面前部略隆起，舌尖抵住下齿背，嘴角向两边微展，声带振动。软腭上升，关闭鼻腔通路。

字的练习：

里 lǐ　易 yì　即 jí　期 qī　米 mǐ

词的练习：

拟定 nǐdìng　疑惑 yíhuò　体积 tǐjī　递交 dìjiāo　季风 jìfēng

u——舌面、后、高、圆唇元音

发音时，口微开，圆唇，舌头后缩，舌面后部高度隆起和软腭相对，舌尖置于下齿龈后，声带振动。软腭上升，关闭鼻腔通路。

字的练习：

住 zhù　书 shū　吴 wú　组 zǔ　图 tú

词的练习：

古人 gǔrén　部署 bùshǔ　胡须 húxū　阻塞 zǔsè　抚养 fǔyǎng

ü——舌面、前、高、圆唇元音

发音和 i 基本相同，但唇形拢圆。

字的练习：

雨 yǔ　率 lǜ　女 nǚ　遇 yù　据 jù

词的练习：

预期 yùqī　旅伴 lǚbàn　迂回 yūhuí　女性 nǚxìng　宇航 yǔháng

er——卷舌、央、中、不圆唇元音

er 是在 [ə] 的基础上加上卷舌动作而成。发音时，口腔自然打开（是 a [A] 的开口度的一半），扁唇，舌头居中央，舌尖向硬腭中部上卷（但不接触），声带振动。软腭上升，关闭鼻腔通路。

字的练习：

二 èr　儿 ér　耳 ěr　贰 èr

词的练习：

二胡 èrhú　耳环 ěrhuán　儿戏 érxì　健儿 jiànér　而后 érhòu

-i(前)——舌尖、前、高、不圆唇元音

发音时，口微开，扁唇，嘴角向两边展开，舌头平伸，舌尖靠近上齿背，声带振动。软腭上升，关闭鼻腔通路。该韵母只出现在 z、c、s 声母的后面。

字的练习：

词 cí　四 sì　子 zǐ　兹 zī　寺 sì

词的练习：

磁带 cídài　司法 sīfǎ　刺客 cìkè　死角 sǐjiǎo　自己 zìjǐ

-i(后)——舌尖、后、高、不圆唇元音

发音时，口微开，扁唇，嘴角向两边展开，舌尖上翘靠近硬腭前部，声带振动。软腭上升，关闭鼻腔通路。该韵母只出现在 zh、ch、sh、r 声母的后面。

字的练习：

至 zhì　池 chí　诗 shī　日 rì　执 zhí

词的练习：

痴呆 chīdāi　知名 zhīmíng　日照 rìzhào　适应 shìyìng　驰骋 chíchěng

二、复韵母

复韵母的发音过程有两个特点：

一是复韵母的发音不是简单的两个或三个元音的相加，而是舌位唇形由一个元音滑动、变化到另一个元音，没有哪一个元音单独、明确地表现出来。

二是无论二合韵母还是三合韵母，一个复韵母中总有一段元音成分在发音过程中口腔开度最大，声音最响亮，而且发音持续时间较长，我们把它叫作"韵腹"。

普通话 13 个复韵母中，二合韵母有 9 个，其中前响二合韵母有 4 个：ai、ei、ao、ou；后响二合韵母有 5 个：ia、ie、ua、uo、üe。中响三合韵母有 4 个：iao、iou、uai、uei。

ai

发音时，a[a]是比单元音 a[A]舌位靠前的前低不圆唇元音。发 a[a]时，口大开，扁唇，舌面前部略隆起，舌尖抵住下齿背，声带振动。发 ai 时，a[a]清晰响亮，后头元音 i[i]含混模糊，只表示舌位滑动的方向。

字的练习：

灾 zāi　嗨 hāi　带 dài　盖 gài　才 cái

词的练习：

代表 dàibiǎo　在线 zàixiàn　采纳 cǎinà　卖命 màimìng　摘要 zhāiyào

ei

发音时，起点元音是前半高不圆唇元音 e[e]，实际发音舌位略靠后靠下，接近央元音[ə]。发 ei 时，开头的元音 e[e]清晰响亮，舌尖抵住下齿背，使舌面前部隆起与硬腭中部相对。从 e[e]开始舌位升高，向 i[i]的方向往前高滑动，i[i]的发音含混模糊,只表示舌位滑动的方向。

字的练习：

梅 méi　非 fēi　倍 bèi　蕾 lěi　配 pèi

词的练习：

累计 lěijì　倍加 bèijiā　内涵 nèihán　煤炭 méitàn　飞船 fēichuán

ao

发音时,a[ɑ]是比单元音 a[A]舌位靠后的后低不圆唇元音。发 a[ɑ]时,口大开,扁唇,舌头后缩,舌面后部略隆起,声带振动。发 ao[ɑu]时,a[ɑ]清晰响亮,后头的元音 o[u]舌位状态接近单元音 u[u](拼写作 o,实际发音接近 u),但舌位略低,只表示舌位滑动的方向。

字的练习：

潮 cháo　跑 pǎo　扫 sǎo　遭 zāo　绕 rào

词的练习：

草原 cǎoyuán　造型 zàoxíng　报刊 bàokān　老道 lǎodào　贸易 màoyì

ou

发音时,起点元音 o 比单元音 o[o]的舌位略高、略前,唇形略扁。发音时,开头的元音 o[o]清晰响亮,舌位向 u 的方向滑动,u[u]的发音含混模糊,只表示舌位滑动的方向。ou 也可以标写为[əu]。ou 是普通话复韵母中动程最短的复合元音。

字的练习：

周 zhōu　头 tóu　受 shòu　狗 gǒu　楼 lóu

词的练习：

投资 tóuzī　受罪 shòuzuì　楼房 lóufáng　首饰 shǒushì　兜售 dōushòu

ia

发音时,从前高元音 i[i]开始,舌位滑向央低元音 a[A]结束。i[i]的发音较短,a[A]的发音响亮而且时间较长。

字的练习：

夏 xià　佳 jiā　雅 yǎ　恰 qià　压 yā

词的练习：

家长 jiāzhǎng　压制 yāzhì　狭隘 xiá'ài　假设 jiǎshè　恰好 qiàhǎo

ie

发音时,从前高元音 i[i]开始,舌位滑向前半低元音[ɛ]结束。i[i]发音较短,[ɛ]发音响亮而且时间较长。

字的练习：

别 bié　贴 tiē　谢 xiè　业 yè　涅 niè

词的练习：

解说 jiěshuō　列强 lièqiáng　野兽 yěshòu　蔑视 mièshì　铁道 tiědào

ua

发音时，从后高圆唇元音 u[u] 开始，舌位滑向央低元音 a[A] 结束。唇形由圆逐步展开到不圆。u[u] 发音较短，a[A] 的发音响亮而且时间较长。

字的练习：

挂 guà　花 huā　跨 kuà　娃 wá　刷 shuā

词的练习：

画面 huàmiàn　刷新 shuāxīn　跨度 kuàdù　抓紧 zhuājǐn　瓦砾 wǎlì

uo

发音时，从后高元音 u[u] 开始，舌位向下滑到后半高元音 o[o] 结束。发音过程中，唇形保持圆唇，开头最圆，结尾圆唇度略减。u[u] 发音较短，o[o] 的发音响亮而且时间较长。

字的练习：

多 duō　若 ruò　罗 luó　搓 cuō　国 guó　托 tuō

词的练习：

拖鞋 tuōxié　说唱 shuōchàng　捉拿 zhuōná　活期 huóqī　座谈 zuòtán

üe

发音时，从圆唇的前高元音 ü[y] 开始，舌位下滑到前半低元音 [ɛ]，唇形由圆到不圆。ü[y] 的发音时间较短，[ɛ] 的发音响亮而且时间较长。

字的练习：

缺 quē　学 xué　月 yuè　绝 jué　掠 lüè

词的练习：

约束 yuēshù　略微 lüèwēi　绝学 juéxué　缺德 quēdé　血液 xuèyè

iao

发音时，由前高不圆唇元音 i[i] 开始，舌位降至后低元音 a[a]，然后再向后高圆唇元音 u[u] 的方向滑升。唇形从中间的元音 a[a] 开始由不圆唇变为圆唇。

字的练习：

票 piào　较 jiào　妖 yāo　小 xiǎo　庙 miào

词的练习：

桥梁 qiáoliáng　表示 biǎoshì　饺子 jiǎozi　雕刻 diāokè　药材 yàocái

iou

发音时，由前高不圆唇元音 i[i] 开始，舌位后移且降至后半高元音 [o]，然后再向后高圆唇元音 u[u] 的方向滑升。发音过程中，舌位先降后升，由前到后。唇形由不圆唇开始到后元音 [o] 时，逐渐圆唇。

注：iou 前面加声母的时候写作 iu，例如 niú(牛)；iou 前面没有声母的时候写作 you，例如 yōu(优)。

字的练习：

牛 niú　求 qiú　九 jiǔ　六 liù　幽 yōu

词的练习：

求救 qiújiù　修理 xiūlǐ　游荡 yóudàng　诱导 yòudǎo　幽灵 yōulíng

uai

发音时，由后高圆唇元音 u[u] 开始，舌位向前滑降到前低不圆唇元音 a[a]，然后再向前高不圆唇元音 i[i] 的方向滑升。舌位动程先降后升，由后到前。唇形从最圆开始，逐渐减弱圆唇度，至发前元音 a[a] 始渐变为不圆唇。

字的练习：

块 kuài　帅 shuài　怪 guài　踹 chuài　坏 huài

词的练习：

外宾 wàibīn　坏死 huàisǐ　怪圈 guàiquān　快艇 kuàitǐng　率领 shuàilǐng

uei

发音时，由后高圆唇元音 u[u] 开始，舌位向前向下滑到前半高不圆唇元音 e[e] 的位置，然后再向前高不圆唇元音 i[i] 的方向滑升。发音过程中，舌位先降后升，由后到前。唇形从圆唇开始，随着舌位的前移，渐变为不圆唇。

注：uei 前面加声母的时候写作 ui，例如 guī(归)；uei 前面没有声母的时候写作 wei，例如 wēi(威)。

字的练习：

崔 cuī　锤 chuí　汇 huì　推 tuī　瑞 ruì

词的练习：

巍峨 wēié　规模 guīmó　追随 zhuīsuí　水准 shuǐzhǔn　退让 tuìràng

三、鼻韵母

鼻韵母是复合鼻尾音充当韵母。复合鼻尾音就是元音音素之后附带一个鼻辅音作为尾音（韵尾）。

普通话韵母有两个辅音韵尾 -n[n]、-ng[ŋ]，都是鼻音。韵尾 -n 的发音同声母 n 基本相同，而韵尾 -ng 为舌面后浊鼻音，发音时舌面后抵住软腭，声带颤动，气流从鼻腔通过成声。

普通话共有鼻韵母 16 个。其中以 -n 为韵尾的韵母有 8 个：an、en、in、ün、ian、uan、uen、üan，以 -ng 为韵尾的韵母有 8 个：ang、eng、ing、ong、iang、uang、ueng、iong。

前后鼻尾音韵母的对比关系是：an—ang、en—eng、in—ing、ian—iang、uan—uang、uen—ueng(ong)、ün—iong。基本上是一对一的关系，不是一对多或多对一的关系。

an

发音时，起点元音是前低不圆唇元音 a[a]，舌尖抵住下齿背，舌位降到最低，软腭上升，关闭鼻腔通路。口形由开到合，舌位移动较大。

字的练习：

山 shān　甘 gān　崭 zhǎn　满 mǎn　帆 fān

词的练习：

满目 mǎnmù　赶快 gǎnkuài　攀升 pānshēng　参战 cānzhàn　山腰 shānyāo

en

发音时，起点元音是央元音 e[ə]，舌位居中。先发 e[ə]，紧接着软腭下降，打开鼻腔通路。舌尖接触下齿背，舌面隆起部位受韵尾影响略靠前闭合，气流从鼻腔透出。口形由开到闭，舌位移动较小。

字的练习：

神 shén　真 zhēn　人 rén　臣 chén　纷 fēn

词的练习：

恩赐 ēncì　任务 rènwù　珍贵 zhēnguì　盆栽 pénzāi　衬衫 chènshān

in

发音时，起点元音是前高不圆唇元音 i[i]，舌尖抵住下齿背，软腭上升，关闭鼻腔通路。从舌位最高的前元音 i[i] 开始，舌面升高，舌面前部抵住硬腭前部，当两者将要接触时，软腭下降，打开鼻腔通路，紧接着舌面前部与硬腭前部闭合，使在口腔受到阻碍的气流从鼻腔透出。开口度几乎没有变化，舌位动程很小。

字的练习：

琴 qín　音 yīn　进 jìn　品 pǐn　新 xīn

词的练习：

谨慎 jǐnshèn　进步 jìnbù　钦佩 qīnpèi　贫寒 pínhán　宾客 bīnkè

ün

发音时，起点元音是前高圆唇元音 ü[y]。与 in 的发音过程基本相同，只是唇形变化不同。从圆唇的前元音 ü 开始，唇形从圆唇逐步展开，而 in 的唇形始终是展唇。

字的练习：

云 yún　寻 xún　君 jūn　运 yùn　群 qún

词的练习：

云集 yúnjí　军训 jūnxùn　询问 xúnwèn　运势 yùnshì　匀称 yúnchèn

ian

发音时，从前高不圆唇元音 i[i] 开始，舌位向前低元音 a[a]（前 a）的方向滑降，舌位只降到半低前元音 [ɛ] 的位置就开始升高。软腭下降，打开鼻腔通道，舌面前部向硬腭前部移动闭合，气流从鼻腔透出。

字的练习：

眼 yǎn　险 xiǎn　电 diàn　剑 jiàn　前 qián

词的练习：

艰辛 jiānxīn　前任 qiánrèn　镰刀 liándāo　仙人 xiānrén　掩护 yǎnhù

uan

发音时，由圆唇的后高元音 u[u] 开始，唇形迅速由合口变为开口状，舌位向前迅速滑降到不圆唇的前低元音 a[a] 的位置就开始升高。软腭下降，打开鼻腔通道，舌面前部向硬腭前移动闭合，气流从鼻腔透出。

字的练习：

乱 luàn　权 quán　窜 cuàn　换 huàn　砖 zhuān

词的练习：

关税 guānshuì　传递 chuándì　篆刻 zhuànkè　判断 pànduàn　劝告 quàngào

üan

发音时，由圆唇的前高元音 ü[y] 开始，向前低元音 a[a] 的方向滑降。舌位只降到前半低元音 [æ] 的位置就开始升高。软腭下降，打开鼻腔通道，舌面前部向硬腭前移动闭合，气流从鼻腔透出。

字的练习：

元 yuán　院 yuàn　宣 xuān　卷 juàn　权 quán

词的练习：

原型 yuánxíng　渊源 yuānyuán　选择 xuǎnzé　捐助 juānzhù　劝阻 quànzǔ

uen

发音时，由圆唇的后高元音 u[u] 开始，向央元音 e[ə] 的位置滑降，然后舌位升高。发 e[ə] 后，软腭下降，打开鼻腔通道，舌面前部向硬腭前移动闭合，气流从鼻腔透出。唇形由圆唇在向中间折点元音滑动的过程中渐变为展唇。

注：uen 前面加声母的时候写作 un，例如 lùn（论）；uen 前面没有声母的时候写作 wen，例如 wén（文）。

字的练习：

文 wén　屯 tún　村 cūn　混 hùn　准 zhǔn

词的练习：

文字 wénzì　论文 lùnwén　昆仑 kūnlún　春天 chūntiān　顺从 shùncóng

ang

发音时，起点元音是后低不圆唇元音 a[a]（后 a），口大开，舌尖离开下齿背，舌头后缩。从"后 a"开始，舌面后部抬起，当贴近软腭时，软腭下降，打开鼻腔通路，紧接着舌根与软腭接触，关闭口腔通路，气流从鼻腔里透出。

字的练习：

忙 máng　当 dāng　上 shàng　畅 chàng　囊 náng

词的练习：

芳菲 fāngfēi　当时 dāngshí　葬礼 zànglǐ　掌握 zhǎngwò　仿真 fǎngzhēn

eng

发音时，起点元音是央元音 e[ə]。从 e[ə] 开始，舌面后部抬起，贴向软腭。当两者将要接触时，软腭下降，打开鼻腔通路，紧接着舌面后部抵住软腭，使在口腔受到阻碍的气流从鼻腔里透出。

字的练习：

怔 zhèng　蒙 méng　风 fēng　恒 héng　声 shēng

词的练习：

争论 zhēnglùn　成为 chéngwéi　盟国 méngguó　盛世 shèngshì　风流 fēngliú

ing

发音时，起点元音是前高不圆唇元音 i[i]。从 i[i] 开始，舌面隆起部位不降低，一直后移，舌尖离开下齿背，逐步使舌面后部隆起，贴向软腭。当两者将要接触时，软腭下降，打开鼻腔通路，紧接着舌面后部抵住软腭，关闭口腔通路，气流从鼻腔透出。

口形没有明显变化。

字的练习：

零 líng　行 xíng　应 yīng　京 jīng　请 qǐng

词的练习：

境界 jìngjiè　定性 dìngxìng　停止 tíngzhǐ　病假 bìngjià　平生 píngshēng

ong

发音时，起点元音是后高圆唇元音 u[u]，但比 u 的舌位略低一点，舌尖离开下齿背，舌头后缩，舌面后部隆起，软腭下降，关闭口腔通路，舌面后部抵住软腭，气流从鼻腔透出。唇形始终拢圆。

字的练习：

动 dòng　同 tóng　共 gòng　容 róng　中 zhōng

词的练习：

轰鸣 hōngmíng　总裁 zǒngcái　充分 chōngfèn　融通 róngtōng　中游 zhōngyóu

iang

发音时，由前高不圆唇元音 i[i] 开始，舌位向后滑降到后低元音 a[a]，软腭逐渐下降，打开口腔通路，舌面后部抵住软腭，气流从鼻腔透出。

字的练习：

项 xiàng　杨 yáng　亮 liàng　强 qiáng　江 jiāng

词的练习：

相识 xiāngshí　奖金 jiǎngjīn　量变 liàngbiàn　抢劫 qiǎngjié　江山 jiāngshān

uang

发音时，由圆唇的后高元音 u[u] 开始，舌位滑降至后低元音 a[a]，软腭逐渐下降，打开口腔通路，舌面后部抵住软腭，气流从鼻腔透出。唇形从圆唇在向中间折点元音的滑动中渐变为展唇。

字的练习：

狂 kuáng　光 guāng　装 zhuāng　旺 wàng　窗 chuāng

词的练习：

框架 kuàngjià　创立 chuànglì　慌张 huāngzhāng　光复 guāngfù

ueng

发音时，由圆唇的后高元音 u[u] 开始，舌位滑降到元音 e[ə] 的位置，软腭逐渐下降，打开口腔通路，舌面后部抵住软腭，气流从鼻腔透出。唇形从圆唇在向中间折点元音滑动过程中渐变为展唇。在普通话中，韵母 ueng 只有一种零声母的音节形式 weng。

字的练习：

翁 wēng　嗡 wēng　瓮 wèng

词的练习：

富翁 fùwēng　瓮中捉鳖 wèngzhōng-zhuōbiē

iong

发音时，起点元音是舌面前高圆唇元音 ü[y]，发 ü[y] 后，软腭下降，打开鼻腔通路，紧接着舌面后部抵住软腭，封闭口腔通路，气流从鼻腔里透出。

为避免字母相混，《汉语拼音方案》规定，用字母 io 表示起点元音 ü[y]，写作 iong。

字的练习：

用 yòng　熊 xióng　涌 yǒng　穷 qióng　兄 xiōng

词的练习：

凶猛 xiōngměng　雄性 xióngxìng　臃肿 yōngzhǒng　永远 yǒngyuǎn

第四节　韵母的对比分辨训练

一、宽窄复韵母（舌位动程大小）对比

复韵母 ai、ei、ao、ou、ia、ie、ua、uo、iao、iou、uai、uei 发音时，口形有开合，舌位也有移动。要根据韵母中的每个音素，掌握好口形、舌位，不能似是而非；同时还要掌握好前响、中响的特点。某些方言区的人对于区分普通话复韵母、鼻韵母的宽窄会感到困难，需认真听辨体会，加强分辨能力。

ai—ei

白费　败北　败类　排雷　栽培　采煤

ei—ai

悲哀　黑白　擂台　胚胎　佩带　未来

ao—ou

包头　保守　报仇　高手　稿酬　好受

ou—ao

酬劳　逗号　构造　厚道　口哨　柔道

ia—ie

家业　佳节　假借　下野　押解　夏夜

ie—ia

跌价　接洽　液压　铁架　解压　接驾

ua—uo

花朵　话说　华佗　瓜果　跨国　刮落

uo—ua

多寡　国画　国花　火花　火化　说话

iao—iou

交流　郊游　药酒　表舅　焦油　调酒

iou—iao

丢掉　遛鸟　牛角　邮票　有效　幼苗

uai—uei

怪罪　快慰　快嘴　衰退　衰微　外汇

uei—uai

对外　鬼怪　毁坏　嘴快　追怀　嘴乖

二、前后鼻音韵母对比训练

前鼻音韵母和后鼻音韵母,特别是 en 与 eng、in 与 ing 混淆不清的现象是普遍存在的。前后鼻韵母有对应关系的一共有 7 组,它们是:an—ang、en—eng、in—ing、ian—iang、uan—uang、uen—ueng(ong)、ün—iong。分清韵尾-n 和-ng 的发音部位是读准前、后鼻音韵母的关键。-n 是舌尖音,舌尖抵住上齿龈;-ng 是舌根音,舌根抵软腭。

an—ang

战—丈　产—场　山—商　染—嚷　赞—葬　餐—苍
安—肮　般—帮　盘—旁　瞒—忙　反—访　单—当
谈—堂　难—囊　兰—郎　甘—刚　看—炕　含—航
寒天—航天　　心烦—心房　　散失—丧失　　产房—厂房
烂漫—浪漫　　反问—访问　　赞颂—葬送　　开饭—开放
担心—当心　　弹词—搪瓷　　鱼竿—鱼缸　　施展—师长

en—eng

肯—坑　　痕—横　　真—争　　陈—成　　深—声　　人—仍
奔—崩　　盆—棚　　门—盟　　纷—风　　嫩—能　　跟—耕
陈旧—成就　　真理—争理　　清真—清蒸　　瓜分—刮风
申明—声明　　绅士—声势　　长针—长征　　木盆—木棚

in—ing

音—应　　宾—兵　　贫—平　　民—明　　新—星　　林—铃
亲生—轻生　　金质—精致　　亲近—清静　　弹琴—谈情
人民—人名　　贫民—平民　　信服—幸福　　金银—经营

ian—iang

妍—阳　　年—娘　　连—良　　间—姜　　前—强　　线—向
险象—想象　　简历—奖励　　老年—老娘　　大连—大梁
坚硬—僵硬　　试验—式样　　简章—奖章　　浅显—抢险

uan—uang

完—王　　关—光　　宽—筐　　环—黄　　专—装　　船—床
机关—激光　　专车—装车　　串演—创演　　洞穿—冻疮
奉还—凤凰　　关节—光洁　　车船—车床　　反观—反光

uen—ueng（ong）

温—翁　　盾—动　　吞—通　　轮—龙　　滚—拱　　昆—空
存钱—从前　　依存—依从　　轮子—笼子　　余温—渔翁

ün—iong

运—用　　军—炯　　群—穷　　寻—雄
搬运—搬用　　人群—人穷　　晕车—用车　　工运—公用
因循—英雄　　勋章—胸章　　群像—穷相　　韵脚—用脚

三、朗读练习

天亮的时候，雨停了。

草地的气候就是怪，明明是月朗星稀的好天气，忽然一阵冷风吹来，浓云像从平地上冒出来的，霎时把天遮得严严的，接着，就有一场暴雨，夹杂着栗子般大的冰雹，不分点地倾泻下来。

卢进勇从树丛里探出头，四下里望了望。整个草地都沉浸在一片迷蒙的雨雾里，看不见人影,听不到人声;被暴雨冲洗过的荒草,像用梳子梳理过似的,光滑地躺倒在烂泥里,连路也看不清了。

四、绕口令练习

帆布黄

长江里船帆帆布黄,船舱里放着一张床。床上躺着两位老大娘,她俩亲亲热热唠家常。(ang)

莲花灯

莲花灯,莲花灯,今天点完明天扔。(eng)

敬母亲

生身亲母亲,谨请您就寝,请您心宁静,身心很要紧。新星伴明月,银光澄清清,尽是清静境,警铃不要惊。您请我进来,进来敬母亲。(in、ing)

天上七颗星

天上七颗星,树上七只鹰,梁上七只钉,台上七盏灯。拿扇扇了灯,用手拔了钉,举枪打了鹰,乌云盖了星。(ing)

两只饭碗

红饭碗,黄饭碗,红饭碗盛满饭碗。黄饭碗盛半饭碗,黄饭碗添半饭碗,像红饭碗一样满饭碗。(an、ang)

通信不同姓

同姓不能念成通信,通信也不能念成同姓,同姓可以互相通信,通信可不一定同姓。(in、ing)

风吹藤动铜铃响

东洞庭,西洞庭,洞庭山上一条藤,藤条顶上挂铜铃,风吹藤动铜铃响,风停藤定铜铃静。(eng、ing、ong)

谁也不服管

苏州玄妙观,东西两判官,东判官姓潘,西判官姓管。管判官要管潘判官,潘判官要管管判官,闹得谁也不服管。(an、uan)

第十二章　普通话声调

第一节　什么是声调

汉语属声调语言。声调是汉语音节所固有的,可以区别意义的声音的高低和升降。普通话共有 4 个调类,即阴平、阳平、上声和去声。

调值是描述声调的数值表示方法,即声实际读法,也叫调型,指声音高低、升降、曲直、长短的形式。调值常采用五度标记法标记(见图 12-1)。

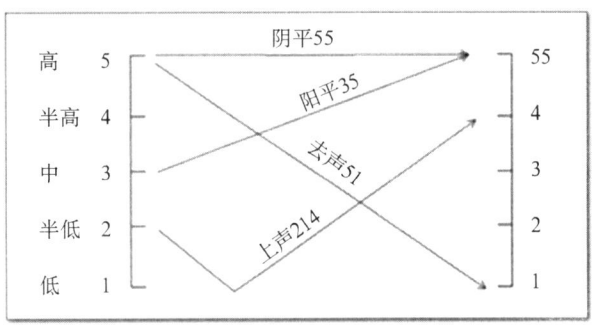

图 12-1　五度标记法

普通话声调如表 12-1 所示:

表 12-1　普通话声调

调类(四声)	调号	例字	调型	调值	调值说明
阴平	ˉ	巴 bā	高平	55	起音高高一路平
阳平	ˊ	拔 bá	中升	35	由中到高往上升
上声	ˇ	靶 bǎ	降升	214	先降而后再扬起
去声	ˋ	爸 bà	全降	51	从高到低最下层

第二节　声调发音要领

一、阴平

高平调,调值为55。发音时,声带绷到最紧("最紧"是相对的,下同),始终没有明显变化,保持高音。

字的练习:

交 jiāo　腮 sāi　辉 huī　冤 yuān　搭 dā

词的练习:

真空 zhēnkōng　丰收 fēngshōu　袈裟 jiāshā　西医 xīyī　糟糕 zāogāo

二、阳平

高升调,调值为35。发音时,声带从不松不紧开始,逐渐绷紧,到最紧为止,声音由不低不高升到最高。

字的练习:

成 chéng　学 xué　姚 yáo　霞 xiá　船 chuán

词的练习:

文明 wénmíng　成型 chéngxíng　闲人 xiánrén　传承 chuánchéng　残疾 cánjí

三、上声

降升调,调值为214。发音时,声带从略微有些紧张开始,立刻松弛下来,稍稍延长,然后迅速绷紧,但没有绷到最紧。发音过程中,声音主要表现在低音段1—2度之间,成为上声的基本特征。上声的音长在普通话4个声调中是最长的。

字的练习:

宝 bǎo　尾 wěi　整 zhěng　满 mǎn　网 wǎng

词的练习:

转手 zhuǎnshǒu　海产 hǎichǎn　吵嘴 chǎozuǐ　踩水 cǎishuǐ　导管 dǎoguǎn

四、去声

全降调,调值为51。发音时,声带从紧开始,到完全松弛为止。声音由高到低,去声的音长在普通话4个声调中是最短的。

字的练习：

若 ruò　部 bù　各 gè　货 huò　善 shàn

词的练习：

魄力 pòlì　构造 gòuzào　侍卫 shìwèi　应试 yìngshì　触动 chùdòng

第三节　声调综合训练

一、同声韵音节四声训练

本节既练习声调，也练习声母、韵母的发音。注意四声调值要准确。

双唇音

bā	bá	bǎ	bà	pō	pó	pǒ	pò	māo	máo	mǎo	mào
巴	拔	把	罢	坡	婆	叵	破	猫	毛	卯	帽

唇齿音

fāng	fáng	fǎng	fàng
方	房	仿	放

舌尖音

dī	dí	dǐ	dì	tōng	tóng	tǒng	tòng	niū	niú	niǔ	niù	liāo	liáo
低	敌	底	弟	通	同	统	痛	妞	牛	扭	拗	撩	聊

liǎo	liào
了	料

舌根音

gū	gú	gǔ	gù	kē	ké	kě	kè	hān	hán	hǎn	hàn
姑	△①	古	故	科	咳	可	刻	酣	含	喊	汉

舌面音

jū	jú	jǔ	jù	qīng	qíng	qǐng	qìng	xiāng	xiáng	xiǎng	xiàng
居	局	举	锯	青	情	请	庆	香	详	想	象

翘舌音

zhī	zhí	zhǐ	zhì	chēng	chéng	chěng	chèng	shēn	shén	shěn	shèn
知	职	止	至	撑	成	逞	秤	申	神	沈	甚

rū	rú	rǔ	rù
△	如	乳	入

---

① 注：△代表此读音无相应汉字。下文同。

平舌音

zuō	zuó	zuǒ	zuò	cāi	cái	cǎi	cài	suī	suí	suǐ	suì
作	昨	左	做	猜	才	采	菜	虽	随	髓	岁

开口音

bāi	bái	bǎi	bài	pāo	páo	pǎo	pào	fēi	féi	fěi	fèi	lōu	lóu
掰	白	摆	败	抛	刨	跑	泡	飞	肥	匪	费	搂	楼

lǒu	lòu
篓	漏

齐齿音

jiā	jiá	jiǎ	jià	qīn	qín	qǐn	qìn	xiē	xié	xiě	xiè	xiān	xián
家	夹	甲	架	亲	勤	寝	沁	些	斜	写	榭	鲜	咸

xiǎn	xiàn
险	现

合口音

chuāng	chuáng	chuǎng	chuàng	wā	wá	wǎ	wà	huān	huán
窗	床	闯	创	蛙	娃	瓦	袜	欢	环

huǎn	huàn	guāi	guái	guǎi	guài
缓	幻	乖	△	拐	怪

撮口音

xuē	xué	xuě	xuè	yūn	yún	yǔn	yùn	quān	quán	quǎn	quàn
薛	学	雪	谑	晕	云	允	运	圈	全	犬	劝

二、双音节词语声调训练

阴阴

西安　工商　新编　端庄　播音　丰收　东升　公安　深山　拥军　灯光

阴阳

三秦　飘扬　军团　经营　昆明　新闻　编辑　资源　鲜明　坚决　森林

阴上

灯塔　猜想　阴雨　编审　资产　争取　歌曲　珠海　发展　批准　生产

阴去

观众　天籁　先烈　惊讶　优越　播送　规范　通讯　音乐　庄重　牵挂

阳阴

联播　节约　财经　荣膺　平安　难堪　门风　革新　农村　国歌　年轻

阳阳

行情　达成　题材　学习　球迷　结余　人民　辽宁　全权　联营　石油

阳上

门槛　文稿　绝响　全体　情感　邻里　勤俭　存款　读者　房产　黄海

阳去

文件　轮训　宁夏　勤奋　除外　达意　防范　前进　评论　悬念　持续

上阴

演播　请安　北京　展开　组装　指标　采编　浦东　减轻　领班　美工

上阳

主持　敏捷　指南　谴责　讲求　北国　语言　普及　补习　朗读　解决

上上

展览　享有　选举　永远　隐忍　北海　索取　导演　广场　领导　感想

上去

改造　简讯　企盼　举例　访问　选段　理论　组建　舞剧　想象　广泛

去阴

认真　再生　望京　录音　客观　信息　特约　下乡　办公　贵宾　象征

去阳

自然　富民　配合　漫谈　变革　杜绝　内容　措辞　电台　调查　特别

去上

外语　上海　特写　大胆　耐久　重点　剧本　问好　记者　撰稿　戏曲

去去

借鉴　复制　叙事　议论　路线　政策　报告　电视　纪念　庆贺　祝愿

三、四音节词语声调训练

阴平—阳平—上声—去声

心明眼亮　开渠引灌　风调雨顺　千锤百炼　身强体壮　精神百倍
三皇五帝　七侠五义　三国鼎立　风云雨露　阴晴水旱　枯藤老树

去声—上声—阳平—阴平

四海为家　碧草如茵　热火朝天　万里晴空　妙手回春　破釜沉舟

寿比南山　袖里乾坤　大有文章　暮鼓晨钟　智勇无双　耀武扬威

四、上声训练

阴平—上声

低谷　资产　充满　商场　揭晓　三产　出版　积累　欣喜　基本　高涨

阳平—上声

合理　遥远　执法　情感　成品　雄伟　调整　言语　提取　神采　头脑

上声—上声

委婉　首府　坎坷　勉强　采访　了解　小雨　允许　管理　保险　老虎

去声—上声

破产　酗酒　迅猛　傍晚　上海　进取　奋勇　皱褶　率领　谅解　探讨

上声—阴平

法官　史书　统一　脑筋　鲁班　草山　采风　理工　手枪　把关　马靴

上声—阳平

演员　鼓楼　济南　隐形　感情　典型　取得　属于　选民　早熟　找寻

上声—上声

远景　养老　鲁莽　引导　诋毁　港口　表演　偶尔　咫尺　扭转　险阻

上声—去声

宝座　损坏　恳切　语调　储备　琐碎　解放　悔恨　耸峙　改善　软件

五、四声混合四音节词语训练

b

暴风骤雨　壁垒森严　百炼成钢　波澜壮阔

p

排山倒海　喷薄欲出　鹏程万里　普天同庆

m

满腔热情　目不转睛　满园春色　名不虚传

f

丰功伟绩　赴汤蹈火　发愤图强　翻江倒海

d

颠扑不破　斗志昂扬　大快人心　当机立断

t

滔滔不绝　天衣无缝　推陈出新　谈笑风生

n

逆水行舟　能者多劳　宁死不屈　鸟语花香

l

力挽狂澜　龙飞凤舞　老当益壮　雷厉风行

g

高瞻远瞩　攻无不克　光彩夺目　盖世无双

k

克敌制胜　快马加鞭　开卷有益　慷慨激昂

h

横扫千军　呼风唤雨　豪言壮语　和风细雨

j

继往开来　举世无双　艰苦奋斗　锦绣河山

q

晴天霹雳　群威群胆　千军万马　气壮山河

x

心潮澎湃　栩栩如生　喜笑颜开　响彻云霄

zh

咫尺天涯　专心致志　辗转反侧　朝气蓬勃

ch

赤子之心　出奇制胜　超群绝伦　称心如意

sh

深情厚谊　生龙活虎　山水相连　舍生忘死

r

日新月异　如火如荼　饶有兴趣　人才辈出

z

赞不绝口　责无旁贷　再接再厉　自知之明

c

灿烂光明　从容就义　沧海一粟　层出不穷

s

四海为家　肃然起敬　三思而行　所向披靡

六、综合训练

海水潮

海水潮,朝朝潮,朝潮朝落。

浮云涨,常常涨,常涨常消。

一把把把把住了

今天下雨骑自行车,打滑了,幸好我一把把把把住了。

行行行

今天我们特意请到了"行行出状元"公司的董事长老张,老张表示人要是行,干一行行一行,一行行行行行。行行行干哪行都行。要是不行,干一行不行一行,一行不行行行不行,行行不行,干哪行都不行。要想行行行,首先一行行。成为行业内的内行,行行成内行,行行行。你说我说得行不行?

四声歌

学好声韵辨四声,阴阳上去要分明。

部位方法要找准,开齐合撮属口形。

双唇班报必百波,抵舌当地斗点钉;

舌根高狗工耕故,舌面积结教坚精。

翘舌主争真知照,平舌资则早在增。

擦音发翻飞分复,送气查柴产彻称。

合口呼午枯胡古,开口高坡歌安争。

撮口虚学寻徐剧,齐齿衣优摇业英。
前鼻恩因烟弯稳,后鼻昂迎中拥生。
咬紧字头归字尾,阴阳上去记变声。
循序渐进坚持练,不难达到纯和清。

第十三章 语流音变

在语流中,由于受到相邻音节的相邻音素的影响,一些音节中的声母、韵母或声调会发生语音的变化,我们称之为语流音变。

普通话中最典型的语流音变是变调、轻声、儿化和语气词"啊"的变化。

第一节 变调训练

一、上声变调

上声音节变调规律如下:

(1)上声音节单念或处在词语、句子的末尾时不变,仍读本调。

(2)上声在阴平、阳平、去声、轻声前,即在非上声前,丢掉后半段"14"上升的尾巴,其调值214变为半上声21。例如:

- 上声 ＋ 阴平

北京 广播 统一 普通 始终 老师

- 上声 ＋ 阳平

祖国 旅行 朗读 改革 普及 解决

- 上声 ＋ 去声

理论 感谢 土地 稿件 主义 伟大

- 上声 ＋ 轻声

姐姐 尾巴 老婆 矮子 斧子 奶奶

(3)两个上声相连,前一个上声的调值由214变为35。例如:

可以 岛屿 古老 也许 品种 母语

(4)三个上声相连,当词语的结构是"双单格"时,开头、当中的上声音节调值变为35,跟阳平的调值一样。例如:

选举/法 洗脸/水 水彩/笔 手写/体 展览/馆 管理/组

当词语的结构是"单双格",开头音节处在被强调的逻辑重音时,读作"半上",调值为21,当中音节则按两字组变调规律变为35。例如:

小/两口　纸/老虎　党/小组　撒/火种　冷/处理　耍/笔杆

二、"一""不"的变调

(一)"一"的变调

"一"的变调规律如下：

(1)单念、词尾、序数词一律不变调。例如：

一穷二白　第一　合二为一

(2)在去声音节前调值变为阳平(35)。例如：

一定　一道　一半　一旦

(3)夹在重叠词间念成轻声。例如：

听一听　学一学　看一看

(4)在阴平、阳平、上声前，即在非去声前变去声(51)。例如：

一举　一鸣惊人　一般　一齐

(二)"不"的变调

(1)单念或处在词句末尾的时候，不变调，念本调去声(51)。例如：

不　我不

(2)在去声音节前，调值变为阳平(35)。例如：

不变　不要　不必

(3)夹在词语中念轻声。例如：

看不清　打不开　好不好

第二节　轻声训练

一、什么是轻声

普通话的每个音节都有它的声调，可是在句子里有些音节常常失去了原有的声调，而被念成较轻较短的调子，叫作轻声。轻声是一种特殊的变调现象。

所有的轻声音节发音都变得轻而短，但并非音高都相同，轻声音节在音高上的这种差别往往取决于前一个音节声调的高低：

- 阴平 ＋ 轻声

玻璃　姑娘　清楚　家伙　庄稼　他的　桌子　说了　先生　休息

- 阳平 ＋ 轻声

泥鳅　粮食　胡琴　萝卜　行李　头发　红的　房子　婆婆　活泼

- 上声 + 轻声

老实　脊梁　马虎　耳朵　使唤　嘱咐　我的　斧子　姐姐　喇叭

- 去声 + 轻声

意思　困难　骆驼　豆腐　吓唬　漂亮　坏的　扇子　弟弟　丈夫

二、轻声的作用

普通话中的轻声往往有区别词性和词义的作用。例如：

请听电影《地道战》的录音剪辑。

地道 dìdào：地下坑道（名词）。

他学的四川话还挺地道呢。

地道 dìdao：真正的（形容词）。

中国民歌《茉莉花》的歌词大意是……

大意 dàyì：主要的意思（名词）。

你可千万别大意了。

大意 dàyi：粗心疏忽（形容词）。

因此，我们应当特别注意有些必须读成轻声的音节，以免造成语意不清。有些轻声音节虽然不区别词义，但在普通话中也应该读轻声，否则会影响语言的流畅和语气的变化。

三、轻声音节出现的规律

(1) 语气词"吧、吗、啊、呢"等。例如：

好吧　走吗　怎么呢　他啊

(2) 助词"着、了、的、地、得、们"等。例如：

我的　拿了　说着　好得很　他们

(3) 名词的后缀"子、儿、头"等。例如：

桌子　头儿　石头

(4) 某些重叠式名词、动词的后一个音节。例如：

爸爸　奶奶　说说　看看

(5) 表示趋向的动词、方位词或词素。例如：

这里　前边　地下　下面

附录2　普通话水平测试用必读轻声词语表

说明：

(1)本表根据《普通话水平测试用普通话词语表》编制。

(2)本表供普通话水平测试第二项——读多音节词语(100个音节)测试使用。

(3)本共收词594条(其中"子"尾词217条)，按汉语拼音字母顺序排列。

(4)本表遵照《汉语拼音正词法基本规则》(GB/T 16159－2012)的标调规则，必读轻声音节不标调号。

A
爱人 àiren
案子 ànzi

B
巴结 bā jie
巴掌 bāzhang
把子 bǎzi
把子 bàzi
爸爸 bàba
白净 báijing
班子 bānzi
板子 bǎnzi
帮手 bāngshou
梆子 bāngzi
膀子 bǎngzi
棒槌 bàngchui
棒子 bàngzi
包袱 bāofu
包子 bāozi
刨子 bào zi
豹子 bàozi
杯子 bēizi
被子 bèizi
本事 běnshi

本子 běnzi
鼻子 bízi
比方 bǐfang
鞭子 biānzi
扁担 biǎndan
辫子 biànzi
别扭 bièniu
饼子 bǐngzi
脖子 bózi
薄荷 bò he
簸箕 bòji
补丁 bǔding
不由得 bùyóude
步子 bùzi
部分 bùfen

C
财主 cáizhu
裁缝 cáifeng
苍蝇 cāngying
差事 chāishi
柴火 cháihuo
肠子 chángzi
厂子 chǎngzi
场子 chǎngzi

车子 chēzi
称呼 chēnghu
池子 chízi
尺子 chǐzi
虫子 chóngzi
绸子 chóuzi
出息 chūxi
除了 chúle
锄头 chútou
畜生 chùsheng
窗户 chuānghu
窗子 chuāngzi
锤子 chuízi
刺猬 cìwei
伺候 cìhou
凑合 còuhe
村子 cūnzi

D
耷拉 dāla
答应 dāying
打扮 dǎban
打点 dǎdian
打发 dǎfa
打量 dǎliang

打算 dǎsuan
打听 dǎting
打招呼 dǎzhāohu
大方 dàfang
大爷 dàye
大意 dàyi
大夫 dàifu
带子 dàizi
袋子 dàizi
单子 dānzi
耽搁 dānge
耽误 dānwu
胆子 dǎnzi
担子 dànzi
刀子 dāozi
道士 dàoshi
稻子 dàozi
灯笼 dēnglong
凳子 dèngzi
提防 dīfang
滴水 dīshui
笛子 dízi
嘀咕 dí gu
底子 dǐzi

地道 dìdao
地方 dìfang
弟弟 dìdi
弟兄 dìxiong
点心 diǎnxin
点子 diǎnzi
调子 diàozi
碟子 dié zi
钉子 dīngzi
东家 dōngjia
东西 dōngxi
动静 dòngjing
动弹 dòngtan
豆腐 dòufu
豆子 dòuzi
嘟囔 dūnang
肚子 dǔzi
肚子 dùzi
端详 duānxiang
缎子 duànzi
队伍 duiwu
对付 duìfu
对头 duìtou
对子 duì zi
多么 duōme
哆嗦 duōsuo

E
蛾子 ézi
儿子 érzi
耳朵 ěrduo

F
贩子 fànzi
房子 fángzi
废物 fèiwu
份子 fènzi
风筝 fēngzheng
疯子 fēngzi
福气 fúqi
斧子 fǔzi
富余 fùyu

G
盖子 gàizi
甘蔗 gānzhe
杆子 gānzi
杆子 gǎnzi
干事 gànshi
杠子 gàngzi
高粱 gāoliang
膏药 gāoyao
稿子 gǎozi
告诉 gàosu
疙瘩 gēda
哥哥 gēge
胳膊 gēbo
鸽子 gēzi
格子 gézi
个子 gèzi
根子 gēnzi
跟头 gēntou
工夫 gōngfu
弓子 gōngzi
公公 gōnggong
功夫 gōngfu
钩子 gōuzi
姑姑 gūgu
姑娘 gūniang
谷子 gǔzi
骨头 gǔtou
故事 gùshi
寡妇 guǎfu
褂子 guàzi
怪不得 guàibude
怪物 guàiwu
关系 guānxi
官司 guānsi
棺材 guāncai
罐头 guàntou
罐子 guànzi
规矩 guīju
闺女 guīnü
鬼子 guǐzi
柜子 guìzi
棍子 gùnzi
果子 guǒzi

H
哈欠 hāqian
蛤蟆 háma
孩子 háizi
含糊 hánhu
汉子 hànzi
行当 hángdang
合同 hétong
和尚 héshang
核桃 hétao
盒子 hézi
恨不得 hènbude
红火 hónghuo
猴子 hóuzi
后头 hòutou
厚道 hòudao
狐狸 húli
胡萝卜 húluóbo
胡琴 húqin
胡子 húzi
葫芦 húlu
糊涂 hútu
护士 hùshi
皇上 huángshang
幌子 huǎngzi
活泼 huópo
火候 huǒhou
伙计 huǒji

J
机灵 jīling
记号 jìhao
记性 jìxing
夹子 jiāzi
家伙 jiāhuo
架势 jiàshi
架子 jiàzi
嫁妆 jiàzhuang
尖子 jiānzi
茧子 jiǎnzi
剪子 jiǎnzi
见识 jiànshi
毽子 jiànzi
将就 jiāngjiu
交情 jiāoqing
饺子 jiǎozi
叫唤 jiàohuan
轿子 jiàozi
结实 jiēshi

街坊 jiēfang
姐夫 jiěfu
姐姐 jiějie
戒指 jièzhi
芥末 jièmo
金子 jīnzi
精神 jīngshen
镜子 jìngzi
舅舅 jiùjiu
橘子 júzi
句子 jùzi
卷子 juànzi

K

开通 kāitong
靠得住 kàodezhù
咳嗽 késou
客气 kèqi
空子 kòngzi
口袋 kǒudai
口子 kǒuzi
扣子 kòuzi
窟窿 kūlong
裤子 kùzi
快活 kuàihuo
筷子 kuàizi
框子 kuàngzi
阔气 kuòqi

L

拉扯 lāche
喇叭 lǎba
喇嘛 lǎma
来得及 láideji
篮子 lánzi

懒得 lǎnde
榔头 lángtou
浪头 làngtou
唠叨 lāodao
老婆 lǎopo
老实 lǎoshi
老太太 lǎotàitai
老头子 lǎotóuzi
老爷 lǎoye
老爷子 lǎoyézi
老子 lǎozi
姥姥 lǎolao
累赘 léizhui
篱笆 líba
里头 lǐtou
力气 lìqi
厉害 lìhai
利落 lìluo
利索 lìsuo
例子 lìzi
栗子 lìzi
痢疾 lìji
连累 liánlei
帘子 liánzi
凉快 liángkuai
粮食 liángshi
两口子 liǎngkǒuzi
料子 liàozi
林子 línzi
铃铛 língdang
翎子 língzi
领子 lǐngzi
溜达 liūda

聋子 lóngzi
笼子 lóngzi
炉子 lúzi
路子 lùzi
轮子 lúnzi
啰唆 luōsuo
萝卜 luóbo
骡子 luózi
骆驼 luòtuo

M

妈妈 māma
麻烦 máfan
麻利 máli
麻子 mázi
马虎 mǎhu
码头 mǎtou
买卖 mǎimai
麦子 màizi
馒头 mántou
忙活 mánghuo
冒失 màoshi
帽子 màozi
眉毛 méimao
媒人 méiren
妹妹 mèimei
门道 méndao
眯缝 mīfeng
迷糊 míhu
面子 miànzi
苗条 miáotiao
苗头 miáotou
苗子 miáozi
名堂 míngtang

名字 míngzi
明白 míngbai
模糊 móhu
蘑菇 mógu
木匠 mùjiang
木头 mùtou

N

那么 nàme
奶奶 nǎinai
难为 nánwei
脑袋 nǎodai
脑子 nǎozi
能耐 néngnai
你们 nǐmen
念叨 niàndao
念头 niàntou
娘家 niángjia
镊子 nièzi
奴才 núcai
女婿 nǚxu
暖和 nuǎnhuo
疟疾 nüèji

P

拍子 pāizi
牌楼 páilou
牌子 páizi
盘算 pánsuan
盘子 pánzi
胖子 pàngzi
狍子 páozi
袍子 páozi
盆子 pénzi
朋友 péngyou

棚子 péngzi
皮子 pízi
脾气 píqi
痞子 pǐzi
屁股 pìgu
片子 piānzi
便宜 piányi
骗子 piànzi
票子 piàozi
漂亮 piàoliang
瓶子 píngzi
婆家 pójia
婆婆 pópo
铺盖 pūgai

Q

欺负 qīfu
旗子 qízi
前头 qiántou
钳子 qiánzi
茄子 qiézi
亲戚 qīnqi
勤快 qínkuai
清楚 qīngchu
亲家 qìngjia
曲子 qǔzi
圈子 quānzi
拳头 quántou
裙子 qúnzi

R

热闹 rènao
人家 rénjia
人们 rénmen
认识 rènshi

日子 rìzi
褥子 rùzi

S

塞子 sāizi
嗓子 sǎngzi
嫂子 sǎozi
扫帚 sàozhou
沙子 shāzi
傻子 shǎzi
扇子 shànzi
商量 shāngliang
晌午 shǎngwu
上司 shàngsi
上头 shàngtou
烧饼 shāobing
勺子 sháozi
少爷 shàoye
哨子 shàozi
舌头 shétou
舍不得 shébude
身子 shēnzi
什么 shénme
婶子 shěnzi
生意 shēngyi
牲口 shēngkou
绳子 shéngzi
师父 shīfu
师傅 shīfu
虱子 shīzi
狮子 shīzi
石匠 shíjiang
石榴 shíliu
石头 shítou

时辰 shíchen
时候 shíhou
实在 shízai
拾掇 shíduo
使唤 shǐhuan
世故 shìgu
似的 shìde
事情 shìqing
试探 shìtan
柿子 shìzi
收成 shōucheng
收拾 shōushi
首饰 shǒushi
叔叔 shūshu
梳子 shūzi
舒服 shūfu
舒坦 shūtan
疏忽 shūhu
爽快 shuǎngkuai
思量 sīliang
俗气 súqi
算计 suànji
岁数 suìshu
孙子 sūnzi

T

他们 tāmen
它们 tāmen
她们 tāmen
踏实 tāshi
台子 táizi
太太 tàitai
摊子 tānzi
坛子 tánzi

毯子 tǎnzi
桃子 táozi
特务 tèwu
梯子 tīzi
蹄子 tízi
甜头 tiántou
挑剔 tiāoti
挑子 tiāozi
条子 tiáozi
跳蚤 tiàozao
铁匠 tiějiang
亭子 tíngzi
头发 tóufa
头子 tóuzi
兔子 tùzi
妥当 tuǒdang
唾沫 tuòmo

W

挖苦 wāku
娃娃 wáwa
袜子 wàzi
外甥 wàisheng
外头 wàitou
晚上 wǎnshang
尾巴 wěiba
委屈 wěiqu
为了 wèile
位置 wèizhi
位子 wèizi
温和 wēnhe
蚊子 wénzi
稳当 wěndang
窝囊 wōnang

我们 wǒmen
屋子 wūzi

X

稀罕 xīhan
席子 xízi
媳妇 xífu
喜欢 xǐhuan
瞎子 xiāzi
匣子 xiázi
下巴 xiàba
吓唬 xiàhu
先生 xiānsheng
乡下 xiāngxia
箱子 xiāngzi
相声 xiàngsheng
消息 xiāoxi
小伙子 xiǎohuǒzi
小气 xiǎoqi
小子 xiǎozi
笑话 xiàohua
歇息 xiēxi
蝎子 xiēzi
鞋子 xiézi
谢谢 xièxie
心思 xīnsi
星星 xīngxing
猩猩 xīngxing
行李 xíngli
行头 xíngtou
性子 xìngzi
兄弟 xiōngdi

休息 xiūxi
秀才 xiùcai
秀气 xiùqi
袖子 xiùzi
靴子 xuēzi
学生 xuésheng
学问 xuéwen

Y

丫头 yātou
鸭子 yāzi
衙门 yámen
哑巴 yǎba
胭脂 yānzhi
烟筒 yāntong
眼睛 yǎnjing
燕子 yànzi
秧歌 yāngge
养活 yǎnghuo
样子 yàngzi
吆喝 yāohe
妖精 yāojing
钥匙 yàoshi
椰子 yēzi
爷爷 yéye
叶子 yèzi
一辈子 yíbèizi
一揽子 yīlǎnzi
衣服 yīfu
衣裳 yīshang
椅子 yǐzi
意思 yìsi

银子 yínzi
影子 yǐngzi
应酬 yìngchou
柚子 yòuzi
芋头 yùtou
冤家 yuānjia
冤枉 yuānwang
园子 yuánzi
院子 yuànzi
月饼 yuèbǐng
月亮 yuèliang
云彩 yúncai
运气 yùnqi

Z

在乎 zàihu
咱们 zánmen
早上 zǎoshang
怎么 zěnme
扎实 zhāshi
眨巴 zhǎba
栅栏 zhàlan
宅子 zháizi
寨子 zhàizi
张罗 zhāngluo
丈夫 zhàngfu
丈人 zhàngren
帐篷 zhàngpeng
帐子 zhàngzi
招呼 zhāohu
招牌 zhāopai
折腾 zhēteng

这个 zhège
这么 zhème
枕头 zhěntou
芝麻 zhīma
知识 zhīshi
侄子 zhízi
指甲 zhǐjia(zhījia)
指头 zhǐtou(zhítou)
种子 zhǒngzi
珠子 zhūzi
竹子 zhúzi
主意 zhǔyi(zhúyi)
主子 zhǔzi
柱子 zhùzi
爪子 zhuǎzi
转悠 zhuànyou
庄稼 zhuāngjia
庄子 zhuāngzi
壮实 zhuàngshi
状元 zhuàngyuan
锥子 zhuīzi
桌子 zhuōzi
自在 zìzai
字号 zìhao
粽子 zòngzi
祖宗 zǔzong
嘴巴 zuǐba
作坊 zuōfang
琢磨 zuómo
做作 zuòzuo

第三节 儿化训练

一、什么是儿化

儿化又称儿化韵,是普通话和某些汉语方言中的一种语音现象。后缀"儿"字不自成音节,而同前面的音节合在一起,使前一音节的韵母成为卷舌韵母。例如"点儿"不是发成两个音节 dian er,而是发成一个音节 diar。

二、儿化的作用

"儿化"在普通话里起着修辞和表示语法功能的积极作用。
(1)表示喜爱、亲切的情感。
(2)表示少或小的意思。
(3)区分词性。
(4)区分词义。

三、儿化音变的发音规律

儿化音变方式比较复杂,具体有以下几种:
(1)音节末尾是 a、o、e、u 的,儿化时只在原韵母后加卷舌动作。例如:
山歌儿　小偷儿　加油儿　腊八儿　山坡儿
(2)韵母为 ai、ei、an、en(包括 uei、uen、ian、uai、uan 和 üan)儿化时失落韵尾,在主要元音上加卷舌动作。例如:
跑腿儿　冰棍儿　打转儿　手绢儿　冒牌儿　宝贝儿　心肝儿　冒烟儿
(3)韵尾为-ng 的,儿化时失落-ng,并将前面的元音鼻化,加卷舌动作。例如:
蛋黄儿　门缝儿　电影儿　胡同儿　小熊儿　肩膀儿　花样儿
(4)韵母为 i、ü 的,儿化时韵母不变,加卷舌动作。例如:
玩意儿　金鱼儿　毛驴儿
(5)韵母或韵尾为 ê 以及韵母为 -i(前)、-i(后)的,变为央 e 加卷舌动作。例如:
树叶儿　空缺儿　瓜子儿　歌词儿　铁丝儿　记事儿　锯齿儿
(6)韵母为 in、ün 的,儿化时失落 n,在 i、ü 等主要元音后加卷舌动作。例如:
干劲儿　手心儿　合群儿　脚印儿　树荫儿

四、儿化发音训练

进了门儿,倒杯水儿,喝了两口儿运运气儿,顺手儿拿起小唱本儿,唱一曲儿,又一曲儿,练完了嗓子我练嘴皮儿。绕口令儿,练字音儿,还有单弦儿牌子曲儿,小快板儿,大鼓词儿,越说越唱我越带劲儿。

附录3 普通话水平测试用儿化词语表

说明:

(1)本表参照《普通话水平测试用普通话词语表》及《现代汉语词典》(第7版)编制。加*的是以上二者未收,根据测试需要而酌增的条目。

(2)本表仅供普通话水平测试第二项——读多音节词语(100个音节)测试使用。本表儿化音节,在书面上一律加"儿",但并不表明所列词语在任何语用场合都必须儿化。

(3)本表共收词200条,列出原形韵母和所对应的儿化韵,用符号>表示由哪个原形韵母变为儿化韵。描写儿化韵中的":"表示":"之前的是主要元音(韵腹),不是介音(韵头)。

(4)本表的汉语拼音注音,只在基本形式后面加r,如"一会儿 yīhuìr",不标语音上的实际变化。

a > ar

板擦儿 bǎncār	打杂儿 dǎzár	刀把儿 dāobàr	号码儿 hàomǎr
没法儿 méifǎr	戏法儿 xìfǎr	找碴儿 zhǎochár	

ai > ar

壶盖儿* húgàir	加塞儿 jiāsāir	名牌儿 míngpáir	小孩儿 xiǎoháir
鞋带儿* xiédàir			

an > ar

包干儿 bāogānr	笔杆儿 bǐgǎnr	快板儿 kuàibǎnr	老伴儿 lǎobànr
脸蛋儿 liǎndànr	脸盘儿 liǎnpánr	门槛儿 ménkǎnr	收摊儿 shōutānr
蒜瓣儿 suànbànr	栅栏儿 zhàlanr		

ang > ar(鼻化)

赶趟儿 gǎntàngr	瓜瓤儿* guārángr	香肠儿 xiāngchángr	药方儿 yàofāngr

ia > iar

掉价儿 diàojiàr	豆芽儿 dòuyár	一下儿 yīxiàr

ian ＞ iar

半点儿 bàndiǎnr	差点儿 chàdiǎnr	坎肩儿 kǎnjiānr	拉链儿 lāliànr
聊天儿 liáotiānr	露馅儿 lòuxiànr	冒尖儿 màojiānr	扇面儿 shànmiànr
馅儿饼 xiànrbǐng	小辫儿 xiǎobiànr	心眼儿 xīnyǎnr	牙签儿 yáqiānr
一点儿 yīdiǎnr	有点儿 yǒudiǎnr	雨点儿 yǔdiǎnr	照片儿 zhàopiānr

iang ＞ iar(鼻化)

| 鼻梁儿 bíliángr | 花样儿 huāyàngr | 透亮儿 tòuliàngr |

ua ＞ uar

| 大褂儿 dàguàr | 麻花儿 máhuār | 马褂儿 mǎguàr | 脑瓜儿 nǎoguār |
| 小褂儿 xiǎoguàr | 笑话儿 xiàohuar | 牙刷儿 yáshuār |

uai ＞ uar

一块儿 yīkuàir

uan ＞ uar

| 茶馆儿 cháguǎnr | 打转儿 dǎzhuànr | 大腕儿 dàwànr | 饭馆儿 fànguǎnr |
| 拐弯儿 guǎiwānr | 好玩儿 hǎowánr | 火罐儿 huǒguànr | 落款儿 luòkuǎnr |

uang ＞ uar(鼻化)

| 打晃儿 dǎhuàngr | 蛋黄儿 dànhuángr | 天窗儿 tiānchuāngr |

üan ＞ üar

| 包圆儿 bāoyuánr | 出圈儿 chūquānr | 绕远儿 ràoyuǎnr | 人缘儿 rényuánr |
| 手绢儿 shǒujuànr | 烟卷儿 yānjuǎnr | 杂院儿 záyuànr |

ei ＞ er

| 刀背儿 dāobèir | 摸黑儿 mōhēir |

en＞er

把门儿 bǎménr	别针儿 biézhēnr	大婶儿 dàshěnr	刀刃儿 dāorènr
高跟儿鞋* gāogēnrxié	哥们儿 gēmenr	后跟儿 hòugēnr	花盆儿* huāpénr
老本儿 lǎoběnr	面人儿 miànrénr	纳闷儿 nàmènr	嗓门儿 sǎngménr
小人儿书 xiǎorénrshū	杏仁儿 xìngrénr	压根儿 yàgēnr	一阵儿 yīzhènr
走神儿 zǒushénr

eng＞er(鼻化)

| 脖颈儿 bógěngr | 钢镚儿 gāngbèngr | 夹缝儿 jiāfèngr | 提成儿 tíchéngr |

ie＞ier

半截儿 bànjiér　　　　小鞋儿 xiǎoxiér

üe＞üer

旦角儿 dànjuér　　　　主角儿 zhǔjuér

uei ＞ uer

耳垂儿 ěrchuír　　　　墨水儿 mòshuǐr　　　　跑腿儿 pǎotuǐr　　　　围嘴儿 wéizuǐr
一会儿 yīhuìr　　　　走味儿 zǒuwèir

uen＞ uer

冰棍儿 bīnggùnr　　　　打盹儿 dǎdǔnr　　　　光棍儿 guānggùnr　　　　开春儿 kāichūnr
没准儿 méizhǔnr　　　　胖墩儿 pàngdūnr　　　　砂轮儿 shālúnr

ueng＞ uer(鼻化)

小瓮儿＊ xiǎowèngr

-i(前)＞ er

瓜子儿 guāzǐr　　　　没词儿 méicír　　　　石子儿 shízǐr　　　　挑刺儿 tiāocìr

-i(后)＞ er

记事儿 jìshìr　　　　锯齿儿 jùchǐr　　　　墨汁儿 mòzhīr

i＞ i∶er

垫底儿 diàndǐr　　　　肚脐儿 dùqír　　　　玩意儿 wányìr　　　　针鼻儿 zhēnbír

in ＞ i∶er

脚印儿 jiǎoyìnr　　　　送信儿 sòngxìnr　　　　有劲儿 yǒujìnr

ing ＞ i∶er(鼻化)

打鸣儿 dǎmíngr　　　　蛋清儿 dànqīngr　　　　花瓶儿 huāpíngr　　　　火星儿 huǒxīngr
门铃儿 ménlíngr　　　　人影儿 rényǐngr　　　　图钉儿 túdīngr　　　　眼镜儿 yǎnjìngr

ü ＞ ü∶er

毛驴儿 máolǘr　　　　痰盂儿 tányúr　　　　小曲儿 xiǎoqǔr

ün ＞ ü∶er

合群儿 héqúnr

e ＞ er

挨个儿 āigèr　　　　唱歌儿＊ chànggēr　　　　打嗝儿 dǎgér　　　　单个儿 dāngèr

逗乐儿 dòulèr　　　饭盒儿 fànhér　　　模特儿 mótèr

u＞ur

泪珠儿 lèizhūr　　　梨核儿* líhúr　　　没谱儿 méipǔr　　　碎步儿 suìbùr
媳妇儿 xífur　　　　有数儿 yǒushùr

ong＞or（鼻化）

抽空儿 chōukòngr　　果冻儿 guǒdòngr　　胡同儿 hútòngr　　酒盅儿 jiǔzhōngr
门洞儿 méndòngr　　小葱儿 xiǎocōngr

iong＞ior（鼻化）

小熊儿* xiǎoxióngr

ao＞aor

半道儿 bàndàor　　　灯泡儿 dēngpàor　　红包儿 hóngbāor　　叫好儿 jiùhǎor
绝着儿 juézhāor　　　口哨儿 kǒushàor　　口罩儿 kǒuzhàor　　蜜枣儿 mìzǎor
手套儿 shǒutàor　　　跳高儿 tiàogāor

iao＞iaor

豆角儿 dòujiǎor　　　火苗儿 huǒmiáor　　开窍儿 kāiqiàor　　面条儿 miàntiáor
跑调儿 pǎodiàor　　　鱼漂儿 yúpiāor

ou＞our

个头儿 gètóur　　　　老头儿 lǎotóur　　　门口儿 ménkǒur　　年头儿 niántóur
纽扣儿 niǔkòur　　　线轴儿 xiànzhóur　　小丑儿 xiǎochǒur　　小偷儿 xiǎotōur
衣兜儿 yīdōur

iou＞iour

顶牛儿 dǐngniúr　　　加油儿 jiāyóur　　　棉球儿* miánqiúr　　抓阄儿 zhuājiūr

uo＞uor

被窝儿 bèiwōr　　　出活儿 chūhuór　　　大伙儿 dàhuǒr　　　火锅儿 huǒguōr
绝活儿 juéhuór　　　小说儿 xiǎoshuōr　　邮戳儿 yóuchuōr　　做活儿 zuòhuór

(o)＞or

耳膜儿* ěrmór　　　粉末儿 fěnmòr

第四节 语气词"啊"的训练

一、语气词"啊"的发音变化规律

"啊"是一个表达语气感情的基本声音,一般单独用或用在句尾。作为叹词用在句前,仍发"a"音。用在句尾时,由于受到前面音节收尾音素的影响而产生几种变化。练习时要注意"啊"的语音变化。

(1)前一音节收尾音素是 a、o(ao、iao 除外)、e、ê、i、ü 时,"啊"读作 ya;

(2)前一音节收尾音素是 u 时(包括 ao、iao),"啊"读成 wa;

(3)前一音节收尾音素是 n 时,"啊"读成 na;

(4)前一音节收尾音素是 ng 时,"啊"读成 nga;

(5)前一音节收尾音是-i(后)、r 和 er(包括儿化韵)时,"啊"读成 ra;

(6)前一音节收尾音是-i(前)时,"啊"读成 za。

以上六种变化规律是顺势产生的,发音要自然。

二、语气词"啊"的发音训练

菜市场的货物真丰富:鸡啊(ya),鸭啊(ya),鱼啊(ya),肉啊(wa),盐啊(na),酱啊(nga),醋啊(wa)……生的、熟的应有尽有。

鸡啊(ya)、鸭啊(ya)、猫啊(wa)、狗啊(wa),一块儿水里游啊(wa)!牛啊(wa)、羊啊(nga)、马啊(ya)、骡啊(ya),一块儿进鸡窝啊(ya)!狼啊(nga)、虫啊(nga)、虎啊(wa)、豹啊(wa),一块儿街上跑啊(wa)!兔啊(wa)、鹿啊(wa)、鼠啊(wa)、孩儿啊(ra),一块儿上窗台儿啊(ra)!

这些孩子啊(za),真可爱啊(ya),你看啊(na),他们多高兴啊(nga),又是作诗啊(ra),又是吟诵啊(nga),又是画图画啊(ya),又是剪纸啊(ra),又是唱啊(nga),又是跳啊(wa)……啊(a)!他们多幸福啊(wa)!

第十四章　普通话易错音

第一节　易读错的字词

本节内容已与《新华字典(第12版)》《现代汉语词典(第7版)》校验。

(1)氛 fēn 围(不读 fèn)

(2)匀称、称职、称心如意、对称(读 chèn,不读 chèng)

(3)种 chóng(姓氏)

(4)憧 chōng 憬(不读 chóng)

(5)驰骋 chěng(不读 chéng)

(6)处暑、处境、处女、处世为人、处于(读 chǔ,不读 chù)

(7)啜 Chuài(姓氏)

(8)氽 cuān 丸子(不读 cuàn)

(9)档 dàng 案(不读 dǎng)

(10)安步当 dàng 车(不读 dāng)

(11)订 dìng 正(不读 dīng)

(12)胴 dòng 体(不读 tóng)

(13)句读 dòu

(14)掇 duō 拾(不读 duò,在"拾掇"里读轻声)

(15)菲 fěi 薄("芳菲"中读 fēi)

(16)果脯 fǔ(不读 pǔ)

(17)准噶 gá 尔

(18)枸杞 gǒuqǐ

(19)呱呱 gū 坠地(不读 guā)

(20)力能扛 gāng 鼎(不读 káng)

(21)契诃夫、堂·吉诃德(读 hē,不读 kē)

(22)道行 heng(修行的功夫,比喻本领。不读 háng、xíng)

(23)飞来横祸、蛮横、发横财(读 hèng,不读 héng)

(24)一哄 hòng 而散(哄 hōng 堂大笑;哄 hǒng 逗哄骗)

(25)骨骸 hái

(26)薅 hāo 草

(27)白桦 huà 树(不读 huá)

(28)馄饨 húntun(tun 为轻声,不读 dun)

(29)和泥、和面 huó;搅和 huo;和 huò 稀泥;和 hú 牌

(30)囫囵 húlún 吞枣(不读 lùn)

(31)溃 huì 脓;溃 kuì 烂

(32)通缉 jī;编辑 jí

(33)窗明几 jī 净(不读 jǐ)

(34)嫉妒 jí;忌妒 jì

(35)人才济济 jǐ(不读 jì)

(36)里脊 ji(此处读轻声,本音读 jǐ)

(37)渐染、东渐入海 jiān(不读 jiàn)

(38)眼睑 jiǎn

(39)绢 juàn 花(不读 juān)

(40)配角儿、角色 jué(不读 jiǎo)

(41)发酵 jiào(不读 xiào)

(42)解送、押解 jiè(不读 jiě)

(43)浑身解 xiè 数(不读 jiě)

(44)粳 jīng 米、籼 xiān 米(不读 gēng、shān)

(45)颈部、颈项 jǐng(不读 jìng)

(46)靓 jìng 妆(不读 liàng)

(47)循规蹈矩、矩形 jǔ(不读 jù)

(48)龟 jūn 裂(不读 guī)

(49)以儆 jǐng 效尤(不读 jìng)

(50)腈 jīng 纶(不读 qíng)

(51)唠 láo 叨;唠 lào 家常

(52)落 lào 不是(意为"被认为有过失而受责难"。不读 luò)

(53)量杯、思量 liáng;量 liàng 体裁衣

(54)连累 lei(不读 lèi)

(55)果实累累 léiléi;伤痕累累 lěilěi

(56)浙江丽 lí 水(不读 lì)

(57)淋 lìn 病(不读 lín)

(58)绿 lù 林好汉；棕榈 lú(常误读为上声)

(59)莽莽群山、草莽 mǎng

(60)扪 mén 心自问

(61)腼腆 miǎntiǎn

(62)酩酊 mǐngdǐng

(63)所向披靡 mǐ(不读 mí)

(64)抹 mò 墙；抹 mā 布；涂抹 mǒ

(65)模 mú 样；模 mó 型

(66)泥淖 nào(不读 zhào)

(67)喷香、喷喷香 pèn(不读 pēn)

(68)癖好、洁癖 pǐ(不读 pì)

(69)睥睨 pìnì

(70)剽 piáo 窃；剽 piāo 悍

(71)媲 pì 美(不读 bì)

(72)心广体胖 pán(不读 pàng)

(73)大腹便便 pián

(74)缥缈 piāomiǎo

(75)娉婷 pīngtíng

(76)砒 pī 霜(不读 pí)

(77)湖泊 pō；漂泊 bó

(78)哨卡 qiǎ(不读 kǎ)

(79)蹊跷 qīqiao(不读 qīqiào)

(80)牵强 qiǎng 附会(不读 qiáng)

(81)襁 qiǎng 褓

(82)生肖、肖像 xiào(不读 xiāo)

(83)节 jiē 骨眼(不读 jié)

(84)吱 zī 声(不读 zhī)

(85)燕妮、安妮 nī(不读 ní)

(86)禅 shàn 让(不读 chán)

(87)镆铘 yé(不读 xié)

(88)剔透 tī(不读 tì)

(89)骨髓 suǐ(不读 suí)

(90)浩浩汤汤 shāng(不读 tāng)

(91)结婚、结冰 jié(不读 jiē)

(92)牌坊 fāng;磨坊 fáng

(93)荷 hè 锄(不读 hé)

(94)藤蔓 wàn(不读 màn)

(95)瑰 guī 丽(不读 guì)

(96)一塌 tā 糊涂(不读 tà)

(97)情不自禁 jīn(不读 jìn)

(98)梵 fàn 语(不读 fán)

(99)下载 zǎi(不读 zài)

(100)渲 xuàn 染(不读 xuān)

(101)投奔 bèn(不读 bēn)

(102)压轴 zhòu(不读 zhóu)

(103)熬 āo 菜(不读 áo)

(104)秘 bì 鲁(不读 mì)

(105)惩 chéng 罚(不读 chěng)

(106)炽 chì 热(不读 zhì)

(107)揣 chuāi 着书(不读 chuǎi)

(108)逮 dài 捕(不读 dǎi)

(109)掂 diān 量(不读 diàn)

(110)刽 guì 子手(不读 kuài)

(111)友谊 yì(不读 yí)

(112)哈 hǎ 达(不读 hā)

(113)豁 huō 出去(不读 huò)

(114)混 hún 水摸鱼(不读 hùn)

(115)诲 huì 人不倦(不读 huǐ)

(116)华 huà 山(不读 huá)

(117)汗流浃 jiā 背(不读 jiá)

(118)倔 jué 强(不读 juè)

(119)揩 kāi 油(不读 kǎi)

(120)框 kuàng 架(不读 kuāng)

(121)埋 mán 怨(不读 mái)

(122)联袂 mèi(不读 jué)

(123)泯 mǐn 灭(不读 mín)

(124)拘泥 nì(不读 ní)

(125)昵 nì 称(不读 ní)

(126)宁 nìng 可(不读 níng)

(127)呕 ǒu 心沥血(不读 ōu)

(128)奇葩 pā(不读 pá)

(129)创 chuāng 伤(不读 chuàng)

(130)亲戚 qi(不读 qì)

(131)纤 qiàn 夫(不读 qiān)

(132)翘 qiáo 首(不读 qiào)

(133)莘莘 shēn 学子(不读 xīng)

(134)吞噬 shì(不读 shí)

(135)字帖 tiè(不读 tiē)

(136)徇 xùn 私(不读 xún)

(137)笨拙 zhuō(不读 zhuó)

(138)远见卓 zhuó 识(不读 zhuō)

(139)钥匙 yàoshi(不读 yuèchi)

(140)粗糙 cāo(不读 zào)

第二节　易读错的姓氏

本节内容已与《新华字典(第12版)》《现代汉语词典(第7版)》校验。

一、读音相异

(1)查,读 Zhā,不读 Chá。如作家金庸原名查良镛。

(2)朴,读 Piáo,不读 Pǔ。如韩国前总统朴槿惠。

(3)单,读 Shàn,不读 Dān。如著名评书表演艺术家单田芳。

(4)解,读 Xiè,不读 Jiě。如明代才子解缙。

(5)车,读 Chē,不读 Jū。

(6)曾,读 Zēng,不读 Céng。如晚清名臣曾国藩。

(7)种,一般读 Chóng,有时读 Zhòng。如宋朝诗人种道人。

(8)乐,一般读 Yuè,也读 Lè。如战国时燕国大将乐毅。

(9)句,读 Gōu,不读 Jù。高句丽(Gāogōulí),古族名,古国名。

(10)区,读 Ōu,不读 Qū。如宋朝文学家区适子。

(11)员,读 Yùn,不读 Yuán,也写成"贠"。如著名唐朝诗人员半千。

(12)覃,读 Qín,不读 Tán。如唐朝太子太傅覃季。

(13)仇,读 Qiú,不读 Chóu。如明朝著名画家仇英。

(14)瞿,读 Qú,不读 Jù。如中国无产阶级革命家瞿秋白。

(15)繁,读 Pó,不读 Fán。如汉末文学家繁钦。

(16)都,读 Dū,不读 Dōu。如宋代名臣都光远。

(17)缪,读 Miào,不读 Móu。

(18)术,读 Shù,不读 Zhú。

(19)卜,读 Bǔ,不读 Pǔ。

(20)过,读 Guō,不读 Guò。如明代围棋国手过百龄。

(21)阚,读 Kàn,不读 Kǎn。如三国名士阚泽。

(22)燕,读 Yān,不读 Yàn。如梁山好汉浪子燕青。

(23)省,既读 Shěng,也读 Xǐng。

(24)相,既读 Xiāng,也读 Xiàng。

(25)牟,既读 Móu,也读 Mù。

(26)郇,既读 Huán,也读 Xún。

(27)翟,既读 Zhái,也读 Dí。

(28)阿,读 Ē,不读 Ā。如清朝将军阿桂。

(29)臧,读 Zāng,不读 Cáng。如著名诗人臧克家。

二、声调不同

(30)任,读 Rén,不读 Rèn。如演员任达华。

(31)华,读 Huà,近年也有读 Huá 的。如数学家华罗庚。

(32)应,读 Yīng,不读 Yìng。如演员应采儿。

(33)曲,读 Qū,不读 Qǔ。

(34)訾,读 Zī,不读 Zǐ。

(35)谌,读 Shèn,也读 Chén。

(36)要,读 Yāo,不读 Yào。

(37)哈,读 Hǎ,不读 Hā。如哈文。

(38)撒,读 Sǎ。如撒贝宁。

三、容易错认

(39)佘,读 Shé,不读 Yú。如中国香港女演员佘诗曼。

(40)荀,读 Xún,不读 Gǒu。如三国时曹操谋士荀彧(Xúnyù)。

(41)猴,读 Gōu,不读 Hóu。如中国历史人物画院院长猴建明。

(42)库,读 Shè,不读 Kù。库姓名人有库钧、库德等。

(43)肜,读 Róng,不读 Tóng。

(44)殳,读 Shū,不读 Yì。如著名明朝画家殳胤执。

(45)乜,读 Niè,不读 Yě。

(46)亓,读 Qí,不读 Yuán。如孔子夫人亓官氏。

(47)逄,读 Páng,不读 Féng。如东汉时期大司马逄安。

(48)桓,读 Huán。

(49)靳,读 Jìn。

(50)麹,读 Qū。如高昌国国王麹嘉。

(51)妫,读 Guī,不读 Wěi。如西晋名臣妫昆。

(52)仉,读 Zhǎng。

(53)卞,读 Biàn。

(54)郏,读 Jiá。如清代著名画家郏伦逵。

(55)隗,读 Kuí 或 Wěi。

(56)阮,读 Ruǎn。

(57)啜,读 Chuài。如宋朝将领啜佶。

四、生僻字

(58)芈,读 Mǐ。如热播剧《芈月传》的芈月。

(59)夔,读 Kuí。如明代著名官吏、学者夔信。

(60)昝,读 Zǎn。如东晋将领昝坚。

(61)虢,读 Guó。如春秋时虢姓先祖虢仲。

(62)宓,读 Fú。如上古时期伏羲的女儿宓妃。

(63)璩,读 Qú。如三国时期蜀汉太守璩正。

(64)雒,读 Luò。如明朝大臣雒昂、雒守一。

(65)庹,读 Tuǒ。如击剑运动员庹通。

(66)笪,读 Dá。如清朝画家笪重光。

(67)贲,读 Bēn。如汉朝将军贲赫。

(68)爨,读 Cuàn。

(69)撖,读 Hàn。

(70)禤,读 Xuān。

(71)郤,读 Xì。如三国时蜀汉太守郤正。

(72)酆,读 Fēng。

(73)蹇,读 Jiǎn。如春秋时秦国大夫蹇叔。

(74)甯,读 Nìng。如南宋初东华派创始人甯全真。

(75)仝,读 Tóng。如明朝初年数术家仝寅。

(76)迮,读 Zé。如乾隆朝内阁中书迮云龙。

(77)蒯,读 Kuǎi。

(78)呙,读 Guō。如宋朝官吏呙辅。

五、易读错的复姓

(79)令狐,读 Línghú,不读 Lìnghú。

(80)尉迟,读 Yùchí,不读 Wèichí。

(81)单于,读 Chányú,不读 Dānyú。

(82)长孙,读 Zhǎngsūn,不读 Chángsūn。

(83)万俟,读 Mòqí,不读 Wànsì。

(84)皇甫,读 Huángfǔ,不读 Huángpǔ。

(85)毌丘,读 Guànqiū,不读 Wúqiū 或者 Mǔqiū。

第三节 易读错的地名

本节内容已与《新华字典(第12版)》《现代汉语词典(第7版)》校验。

(1)丽水(Líshuǐ),地名,在浙江。

(2)台州(Tāizhōu),地名,在浙江。

(3)嵊州(Shèngzhōu),地名,在浙江。

(4)鄞州(Yínzhōu),地名,在浙江。

(5)乐清(Yuèqīng),地名,在浙江。

(6)诸暨(zhūjì),地名,在浙江。

(7)歙(Shè)县,地名,在安徽。

(8)亳州(Bózhōu),地名,在安徽。

(9)枞阳(Zōngyáng),地名,在安徽。

(10)黟(Yī)县,地名,在安徽。

(11)濉(Suī)溪,地名,在安徽。

(12)蚌埠(Bèngbù),地名,在安徽。

(13)砀山(Dàngshān),地名,在安徽。

(14)盱眙(Xūyí),地名,在江苏。

(15)邗江(Hánjiāng),地名,在江苏。

(16)邳州(Pīzhōu),地名,在江苏。

(17)甪(Lù)直,地名,在江苏。

(18)睢(Suī)宁,地名,在江苏。

(19)浒(Xǔ)墅关,地名,在江苏。

(20)莘庄(Xīnzhuāng),地名,在上海。

(21)长汀(tīng),地名,在福建。

(22)珲春(Húnchūn),地名,在吉林。

(23)桦(huà)甸,地名,在吉林。

(24)阜(Fù)新,地名,在辽宁。

(25)桓(Huán)仁,地名,在辽宁。

(26)岫(Xiù)岩,地名,在辽宁。

(27)巴彦淖(nào)尔,地名,在内蒙古。

(28)磴(Dèng)口,地名,在内蒙古。

(29)蓟(Jì)县,地名,在天津。

(30)蔚(Yù)县,地名,在河北。

(31)井陉(xíng),地名,在河北。

(32)蠡(Lǐ)县,地名,在河北。

(33)藁城(Gǎochéng),地名,在河北。

(34)涿州(Zhuōzhōu),地名,在河北。

(35)乐(Lào)亭,地名,在河北。

(36)南堡(bǔ),地名,在河北。

(37)冉(Rǎn)庄,地名,在河北。

(38)邯郸(Hándān),地名,在河北。

(39)隰(Xí)县,地名,在山西。

(40)汾(Fén)阳,地名,在山西。

(41)解(Xiè)池,湖名,在山西。

(42)忻(Xīn)州,地名,在山西。

(43)莒(Jǔ)县,地名,在山东。

(44)茌平(Chípíng),地名,在山东。

(45)临沂(yí),地名,在山东。

(46)临朐(Línqú),地名,在山东。

(47)郯城(Tánchéng),地名,在山东。

(48)无棣(dì),地名,在山东。

(49)兖州(Yǎnzhōu),地名,在山东。

(50)淄(Zī)博,地名,在山东。

(51)东阿(ē),地名,在山东。

(52)曲阜(fù),地名,在山东。

(53)单(Shàn)县,地名,在山东。

(54)鄄城(Juànchéng),地名,在山东。

(55)芝罘(Zhīfú),山名,又岛名,都在山东。

(56)铅山(Yánshān),地名,在江西。

(57)婺(Wù)源,地名,在江西。

(58)弋(Yì)阳,地名,在江西。

(59)耒(Lěi)阳,地名,在湖南。

(60)郴州(Chēnzhōu),地名,在湖南。

(61)汨罗江(MìluóJiāng),水名,发源于江西,流至湖南入洞庭湖。

(62)芷(Zhǐ)江,地名,在湖南。

(63)筻口(Gàngkǒu),地名,在湖南。

(64)枨(Chéng)冲,地名,在湖南。

(65)黄陂(Huángpí),地名,在湖北。

(66)郧(Yún)县,地名,在湖北。

(67)秭归(Zǐguī),地名,在湖北。

(68)监利(Jiànlì),地名,在湖北。

(69)猇亭(Xiāotíng),地名,在湖北。

(70)蕲(Qí)春,地名,在湖北。

(71)浚(Xùn)县,地名,在河南。

(72)柘(Zhè)城,地名,在河南。

(73)武陟(zhì),地名,在河南。

(74)泌阳(Bìyáng),地名,在河南。

(75)渑池(Miǎnchí),地名,在河南。

(76)荥阳(Xíngyáng),地名,在河南。

(77)长垣(yuán),地名,在河南。

(78)中牟(mù),地名,在河南。

(79)东莞(Dōngguǎn),地名,在广东。
(80)番禺(Pānyú),地名,在广东。
(81)儋州(Dānzhōu),地名,在海南。
(82)郫(Pí)县,地名,在四川。
(83)珙(Gǒng)县,地名,在四川。
(84)犍为(Qiánwéi),地名,在四川。
(84)荥经(Yíngjīng),地名,在四川。
(86)邛崃(Qiónglái),山名,在四川。
(87)筠连(Jūnlián),地名,在四川。
(88)阆(Làng)中,地名,在四川。
(89)涪(Fú)陵,地名,在重庆。
(90)綦(Qí)江,地名,在重庆。
(91)北碚(bèi),地名,在重庆。
(92)勐(Měng)海,地名,在云南。
(93)栎阳(Yuèyáng),地名,在陕西。
(94)柞水(Zhàshuǐ),地名,在陕西。
(95)吴堡(bǔ),地名,在陕西。
(96)巴音郭楞(léng),地名,在新疆。
(97)尉犁(Yùlí),地名,在新疆。

第三部分

普通话水平测试专项训练

第十五章　单音节字词

第一节　单音节字词常见问题

单音节字词测试项是为了测查应试人声母、韵母、声调读音的标准程度。在测试的 100 个音节中，每个声母出现次数一般不少于 3 次，每个韵母出现次数一般不少于 2 次，4 个声调出现次数大致均衡。限时 3.5 分钟，共 10 分。语音错误，每个音节扣 0.1 分。语音缺陷，每个音节扣 0.05 分。超时 1 分钟以内，扣 0.5 分；超时 1 分钟以上（含 1 分钟），扣 1 分。

一、语音错误

语音错误原则上是指普通话语音（音位）系统中，把一个音（音位）误读作另一个音（音位）。即将普通话的甲类声母读作乙类声母，或将普通话的甲类韵母读作乙类韵母，或将普通话的甲类声调读作乙类声调。从音位学角度看，语音错误是音位的音类错误。测试中，一个音节声、韵、调三个构成成分中只要一个成分出现错误，该音节即视为错。普通话语音基础较差的应试者最容易出现语音错误。语音错误表现在两个方面：

一是读错字。

读错字的情况包括以下几种：将形近字误读，如畔（pàn）—绊（bàn），坯（pī）—胚（pēi），毫（bó）—毫（háo），嵩（sōng）—蒿（hāo），忻（xīn）—圻（qí）等。生僻字误读，某字是生僻的还是常见的，因人因地而异。如"涮（shuàn）"字对北方人而言并不生僻，因为"涮羊肉"是个常用词，但对多数南方人来讲却比较生僻，因此容易读错。也有一些字，所表示的意义有较强的专业色彩，一般人也容易误读，如啮（niè）字。字义相同、相近或相关也会引起误读，如褶（zhě）—皱（zhòu）等。此外，有些汉字，常以词语形式出现，在单音节字词测试中出现时，这些字就容易被误读。如下面的字：

叱——叱（chì）咤风云　　　　　　圳——深圳（zhèn）

侈——奢侈（chǐ）　　　　　　　　妁——媒妁（shuò）之言

菅——草菅（jiān）人命　　　　　　倜——风流倜（tì）傥（tǎng）

邋——邋(lā)遢　　　　　　殄——暴殄(tiǎn)天物

愎——刚愎(bì)自用　　　　　靥——笑靥(yè)如花

二是发错音。

发错音包括以下情况：

第一，因受过去异读的影响而读错音。异读是指一个字在习惯上具有的几个不同的读法。普通话里的异读词经过整理后已大大减少，但有人仍沿用旧有的异读，造成错误。

第二，受方音影响而发错音。声母方面，平翘不分、边鼻音混淆、f 和 h 混淆、送气音与不送气音混淆等。韵母方面，主要表现在前鼻韵和后鼻韵的区分上。声调方面，表现在调值不到位，受他人或习惯影响误读。如：室 shì—shǐ、亚 yà—yǎ、较 jiào—jiǎo（后一个音为误读）。

二、语音缺陷

语音缺陷是指发音没有完全达到标准程度的情况，它介于"正确"与"错误"之间。从音位学角度看，语音缺陷是音值不准，有欠缺，属同一音位的变体。如舌面前音 j、q、x 读得太接近 z、c、s 或读成舌叶音；读翘舌音声母时舌尖接触或接近上腭的位置过于靠前，但还没有完全错读为舌尖前音；合口呼、撮口呼的韵母圆唇度明显不够；语感差；声调调型、调势基本正确，但调值明显偏低或偏高。

三、应试方法错误

应试方法不正确会导致不必要的失分。有的应试者不清楚普通话水平测试的测查角度，自认为普通话不错，因此，在普通话水平测试过程中发音随意，不注意发音的规范化和标准化，从而影响了测试成绩。有的应试者在普通话水平测试过程中刻意地发音导致矫枉过正，使字音听感差，造成语音缺陷从而失分。当然，也有应试者不注重平时的普通话语音训练，而是在测前临时抱佛脚，测试成绩可想而知。

四、应试心理调适不当

应试者应试前若不清楚测试规程，将影响自身测试时的心理状态，进而直接影响普通话水平测试成绩。不熟悉测试规程在测试中必然会心理紧张，心理紧张容易造成思维障碍，如思维不清晰、说话不连贯等。过度紧张、气息不畅、呼吸失调会造成读音时声音发颤、语速过快或过慢、发音吐字不清、归音不到位等现象。由于心理失控和呼吸障碍，头脑出现空白，以致连平时熟悉的常用字都不认识。有的应试者因心理紧张，不注意吐字归音,发音动程明显不够。如此种种,导致一些不必要的发音失误和缺陷,直接影响了普通话水平测试成绩。

第二节　单音节字词应试策略

普通话水平测试实践中,"单音节字词"失分仅次于"命题说话项"(失分最多且普遍感觉较难的测试项),"单音节字词"测试难,一是难在要求精准,二是难在识字。音节由声、韵、调组成,要读准一个字,要求声、韵、调三者都精准到位,稍有偏差或失误就会被判缺陷或错误。我们日常所见汉字都是在具体语境中出现的,把某个字单独抽离出来,可能会出现暂时的"回生现象"。再加上生僻字的干扰,以及习惯性误读、声调缺陷等的影响,便觉得难了。那么,如何攻克单音节字词测试中的难点呢?

一、声、韵、调发音要准确到位

读单音节字词时,许多应试者读音错误率高、缺陷明显,以致测试成绩不理想。究其原因,在于最基本的声母、韵母、声调的发音要领没有把握好,因而造成发音错误或发音不够圆润。因此,平时学习和练习普通话时要采取灵活多样的方法,严格规范声母、韵母及声调的发音。要做到:

(1)声母要发准。在100个音节里,每个声母出现次数一般不少于3次。声母发音要找准部位,方法正确。既不能把普通话里的某一类声母的发音读成另一类声母,也不能把普通话里的某一类声母的正确发音部位用较接近的部位代替,造成读音缺陷。须找准自己所讲方言的语音系统与普通话语音系统的对应规律,按照普通话语音记字音,并通过认读练习发准这些字的读音。如鼻边音分不清的应试者,应该在训练中既分别记住哪些字是边音声母,哪些字是鼻音声母,又要练习含有这两个声母的所有音节的发音,把二者结合起来,才可能把字认对,音念准。

(2)韵母要到位。在100个音节里,每个韵母出现次数一般不少于2次。韵母有单韵母、复韵母和鼻韵母。单韵母发音要吐字如珠,不拖泥带水。复韵母和鼻韵母要有动程,归音要到位,发出来的音要圆润。韵母的读音缺陷多表现为合口呼、撮口呼的韵母圆唇程度明显不够,语感差;或者开口呼韵母开口度明显不够,听感性质不符,或者复韵母动程不够等。鼻韵母发音还要注意韵尾归音的问题。

(3)声调要发全。在100个音节中,4个声调出现次数大致均衡。必须把普通话4个声调的调值发全,既要清楚地读出平、升、曲、降的区别,又要掌握好高低升降的程度。调值明显偏低或偏高,特别是四声的相对高点或低点明显不够的,判为声调读音缺陷。读单音节字词要和谐自然,不能把声韵调割裂开来,顾此失彼。

二、不要将形近字误读

汉字的形体很多是相近或相似的,单独认读,稍不注意很容易读错。形近字误读有两种情况。一是有的人由于朗读速度过快,导致把很简单的字也读错了。二是有些日常生活中不常用的字,在词语中能念准,但读单字一下子难以念准,极易念错。比如"赅""骇"在书面上有"言简意赅""惊涛骇浪"等成语,如单独出现,一下子难以把握,很容易读错。因此,要注意分辨字形、字义,不要受形近字、近义字的影响而误读。平时要养成良好的阅读习惯,遇到不认识的字或拿不准字音的字,要弄准字音,不可马马虎虎。

三、多音字可选读一音

单音节字词中有不少多音字,朗读时念任何一个音都是对的。比如"处",念"chù"或"chǔ"都算对。不必费时间琢磨到底读哪一个音。

四、速度要快慢适中

读100个音节,限时3.5分钟。超时1分钟以内,扣0.5分;超时1分钟以上(含1分钟),扣1分。读单音节字词,只要每个音节读完整,一个接一个地往下读,就不会超时。有的人担心时间不够,快速抢读,有的字未读完全,"吃"掉了,降低了读音的准确率,因此测试时切忌抢读。朗读也不能太慢,不能每个字都揣摩。速度太慢,说明普通话基础差,字词掌握不熟练,对测试准备不足。超时要一次性扣分。

五、要从左至右横向朗读

单音节字词100个,测试题一般分为10排,每排10个字。测试时,应试人要从第一排起从左至右读,不要从第一个字起从上往下读。

六、读错了及时纠正

一个字允许读两遍,应试人发觉第一次读音有口误时可以改读,测试员按第二次读音评判。如果应试人对有的字拿不准是否读错了,不必再去想它,以免影响后面的朗读。

七、调整心理状态,积极应考

很多人在测试前会紧张。心理学研究表明,适度的紧张对考试是有帮助的,它能使人积极应对问题情景。测试时漫不经心、过度放松反倒对测试不利。测试时,应试人要保持积极的情绪状态,顺利、圆满地完成测试。

第三节 单音节字词综合训练

本节所选单音节字均对普通话声母、韵母、声调有较全面的覆盖。

训练要求:声母、韵母、声调要读准确,音节要清晰、饱满。

一

自	篇	流	呐	鹤	闹	聂	坏	新	歇
请	抱	晒	摆	鹊	惨	撒	糠	孙	读
飞	纽	办	踝	棒	哨	夸	翁	事	想
乖	疮	乳	哑	嫁	格	水	叉	淡	偶
涩	抠	财	股	佛	让	憔	脓	吞	剜
分	蜷	冷	矩	弱	诱	儿	圆	蹭	吸
冬	飘	旬	缠	女	观	沉	零	审	真
思	裙	波	撞	掘	盒	总	摸	禧	洒
湿	母	她	画	潦	金	弦	腮	琼	砖
姚	窨	宋	邪	局	座	坏	堆	美	瘟

二

拍	方	鱼	很	从	云	坡	跑	丢	吃
熊	矮	而	壮	孔	罪	页	拔	锁	归
啪	挠	鹤	痣	宋	癌	紫	源	罪	摸
壮	略	向	同	发	春	白	铝	某	弱
付	表	讲	多	穷	亏	乳	屑	捌	苏
苦	秦	蛹	判	裆	翁	蛆	沈	偶	村
淋	冲	抠	瘾	死	飞	巧	变	往	儿
成	由	黑	赢	木	名	类	日	乖	格
雌	贼	才	哑	晌	习	腻	涛	蛙	梯
犁	蛮	纫	蹬	君	甲	广	夸	诗	灭

三

他	乳	撑	狠	潮	情	岩	梢	权	优

快贩抓奥聘庸女信绝
扭搓多顿短黄旅吹奏
颇旁忙您近吝法加拨
翁翁命闸乡奴给瘫棵自半氧
铁秒呆树卷鞋肯软抓志
酱助荫面堆嫂俊屑生丑
素皮寸骗修光韵色外遇善
若同拈铁集叫绕香三娃非谈

四

初甩胸掐绿梦线抢嫂自
存专舔蟹俏潘运梨迟浊
吱委虐法流恨膜挎尝裆疮
收鹤聘榄客膜邹日寺锅
洼仅指停弩钙而劝尝邹御捐
襄兵砸弩夹雌荒鹅涮撞碑
二府偶刮纳枕妄宋堤撞润
松卯餐崩代豪灯决嘴
巡拱让迷肺抠室踹说
土春笙屯胞名催用粉旬

五

俩快热听奋全陋辩凤房
冲需艘梗环星女靠微岛
流彻踪壁亮况丢戳牛约
甲波郁踪糙用软肯免贫倦
科四坏且铭甲肯谬妆释花
洼沸窘标感烁摒楞涵察灭俩却
挑若砸斥秒梁垮段穷材贼瓢状
阳砸斥秒踢枪驯涵察韵规
二测秒梁垮段穷材瓢值
颖醇诚儒嫩固而玩滨雕

六

寸	瘸	窗	香	床	奴	松	耳	妙	瓶
裙	氤	蔻	哲	乳	丢	朋	舶	皇	怪
厢	君	尊	披	搔	欢	奇	琼	篷
祠	女	话	疮	敏	潺	性	脖	聚	惨
火	梁	源	筷	勺	而	选	只	若
猴	别	卖	田	岳	讨	努	追	吻
兵	船	情	略	宝	心	牛	窘	法
反	错	啡	容	啼	瓷	贼	吮	抓
仰	嘶	绢	羹	苗	鸥	腔	尔	饼
拴	齿	砧	送	莲	虐	耍	垢	斜	歪

七

坑	乖	水	乒	丢	彤	塘	耕	穷	封
窒	广	苞	目	柱	涯	坏	掉	颊	森
张	吁	蔑	挖	篇	频	锥	姐	魔	夸
释	若	棺	原	别	暂	跛	瘟	烁	月
讯	降	赃	色	珊	女	绕	纯	刺	俩
焕	均	滑	闹	姊	拳	洪	娃	埃	却
囚	标	而	踢	凯	鳞	返	匪	骏	梁
二	迁	雄	奏	材	帝	练	新	平	粘
宦	轩	克	飞	肉	踩	池	求	维	抓
沸	窘	来	权	瓜	悦	宗	疮	导	捶

八

妨	唇	破	尺	仍	洒	彬	童	褥	任
炼	甜	二	民	宾	嗤	蕊	留	吁	筷
化	捐	唱	逊	颊	足	缺	症	娃	瞄
儿	映	丢	破	扑	办	棉	税	完	换
寻	宋	飘	删	女	床	攘	娘	湿	沫
谍	菇	拐	肖	若	戈	谆	梁	金	元
贷	铐	虐	寞	任	窜	问	体	鸥	架

北 形 穷 仔 列 俩 变 衢 盆 发
用 操 崩 恍 尔 昆 次 州 奋 酸
懦 块 抓 黑 铁 歪 剃 司 请 责

九

掂 嫩 给 杂 折 卷 掀 王 薯 费
次 绵 瓜 撕 捧 迁 冶 汾 谢 犬
狂 我 鼎 型 戳 俄 抓 换 嗡 潦
吮 奏 啼 窗 累 环 时 鹊 公 晾
麦 顿 驼 菌 佩 翩 站 沼 铐 约
女 玻 你 卷 漩 森 餐 坐 猪 饵
日 备 税 冕 由 拿 匈 俩 常 花
槽 巡 租 咱 悯 凯 求 所 子 窘
港 呆 墙 测 蒜 怪 姐 鳖 违 兑
磺 卫 口 牛 罚 丢 痛 婴 剽 铝

十

箱 近 绝 擦 栓 视 锄 赵 搜 翠
日 箕 开 开 狼 桶 浮 白 没 没
笑 旧 创 错 话 女 丢 冰 穷 穷
标 比 踢 怪 紫 死 说 区 尧 尧
忍 上 张 随 词 攒 快 俩 破 破
命 袄 宪 宽 农 品 月 研 雄 雄
怎 怀 广 卡 抡 新 特 捏 缝 缝
顺 揣 早 跳 烈 选 括 河 苏 苏
吹 谁 说 橘 群 抿 翁 拐 移 移
略 傍 戳 念 抿 咧 歌 虚 诗 诗

第十六章　多音节词语

第一节　多音节词语常见问题

多音节词语测试主要测查应试人声母、韵母、声调及变调、轻声和儿化读音的标准程度。在实际测试过程中，我们发现有相当多的人由于不了解多音节词语测试的目的、要求和方法，犯错特别多，失分率也相当高。

一、语音错误和缺陷

方言区的应试人由于受方言的影响，在多音节词语的发音方面容易出现声、韵、调的读音错误和缺陷，这与普通话水平测试第一题"读单音节字词"中的声韵调问题类似。如：声母方面最突出的问题就是平翘舌音相混、鼻边音相混；韵母方面最突出的问题是前后鼻韵母相混，撮口呼和合口呼韵母发音时圆唇度明显不够，开口呼韵母的开口度明显不够，后元音发音靠近央元音，复韵母和鼻韵母发音时动程过短，复韵母和鼻韵母发音时归音不到位等；声调方面最主要的问题是声调调型和调值错误，调值明显偏低或偏高，特别是四声的相对高点或低点明显不一致。

二、语流音变错误

多音节词语测试项有异于单音节字词测试项出现的问题，主要是在连续发音时出现的语流音变问题。在多音节词语中，音变现象主要包括上声变调、轻声和儿化。应试人在念读多音节词语时，如果变调不正确，则会使整个语音带上浓厚的方音，如果轻声、儿化不正确，则会使普通话不纯正。

三、词的轻重格式问题

词的轻重格式也是方言区的应试人普遍存在的语音问题。双音节词的轻重格式错误相对要少一些，三音节词和四音节词的轻重格式错误发生率则相当高。很多人将三音节词和四音节词的每个音节读得一样重，这不仅会影响词义，也会破坏词的韵律美。

四、多音节词字读

有的应试人在读多音节词语的时候,仍然像读单音节字词一样,把词割裂成一个一个的音节来读,就是把词字化,这样不仅破坏了词义,也破坏了词的节奏。

前述问题不管是哪一类错误或者缺陷,根据《大纲》规定,一个错误扣 0.2 分,一个缺陷扣 0.1 分。以上问题都可能导致应试人测试时失分率偏高。

第二节 多音节词语应试策略

一、正确辨读声母、韵母和声调

(1)声母要发准。多音节词语测试中最容易出问题的就是平翘舌音搭配和鼻边音搭配的词语。平翘舌音搭配的词语要么都发成平舌音,要么都发成翘舌音。应试人在读这些词语时,感觉舌头在做平舌、翘舌动作转换时很不灵活;在读鼻边音搭配的词语时,感觉鼻音和边音发音方法不能自如地转换。测试时,应试人要特别注意此类问题,力求避免出现这类错误或者缺陷。针对"平翘舌音相混"的问题,首先要特别注意平翘舌音声母发音部位的准确,其次要能辨别哪些音节是翘舌音,哪些音节是平舌音,并能进行正确发音。在方言区中,"鼻边音不分"的现象也很普遍。除了正确掌握鼻音 n 和边音 l 的发音方法外,还要能够辨别哪些音节是鼻音,哪些音节是边音。

(2)韵母要到位。某些方言区的人对于区分普通话复韵母、鼻韵母的宽窄会感到困难,须认真听辨体会发音,加强分辨能力。前鼻音韵母和后鼻音韵母,特别是 en 与 eng、in 与 ing 混淆不清的现象是普遍存在的。分清韵尾-n 和-ng 的发音部位是读准前后鼻音韵母的关键(n 是舌尖音,舌尖抵住上齿龈;ng 是舌根音,舌根抵软腭)。另外就是区分哪些词是前鼻音韵母,哪些词是后鼻韵母。所有复韵母、鼻韵母发音时都要注意将动程发到位,而且还要顾及韵头、韵腹、韵尾的发音特点。韵头的发音短促,韵腹发音最响亮,开口度最大,韵尾发音轻短、模糊。所有韵母的发音都要注意归音到位,否则发音就会有缺陷。当然多音节词语的归音不可能像单音节那样饱满,除位于词语末尾音节的归音必须到位外,其余音节只要舌位朝着韵尾的方向移动都是正确的。

(3)声调要正确。普通话声调的发音是一个连续渐变的过程,注意阴平(55)、阳平(35),上声(214)、去声(51)的调值精准和调型正确。另外,应试人在读去声相连的多音节词语时,除词语末尾的音节调值读为(51)外,其余音节的调值一般都是(53),如"电话、气象",否则就会显得生硬,不够自然。

二、处理好多音节词语的音变

(1)上声正确变调。在普通话4个声调中,上声调值(214)最长。为了保证语流的顺畅,绝大多数情况下,上声在语流中都读变调。多音节词语的变调难点多集中在上声的变调上,而上声变调的规律一是上声跟上声相连,前一个上声变读阳平调,调值为35,而后一个上声读原调,调值为214。二是上声在非上声前变读半上,调值为211。应试人一定要理解记忆上声变调的规律并应用到实际的发音中,判别每个上声音节是否需要变调,如须变调应如何变调,从而达到正确发音的目的。除此之外,上声读原调时要特别注意调值的精准,特别是要把214中的1读到位,真正体现上声先降后升的特点。

(2)正确判别轻声。普通话中的轻声往往有区别词性和词义的作用,因此,我们应当特别注意有些必须读成轻声的音节。受方言影响,很多方言区的应试人语音中没有轻声,也没有轻声意识,或者把普通话里的轻声音节读成次轻音。造成这种情况的原因,一是应试人不知道哪些词该读轻声,二是应试人不会正确念读轻声。

(3)读准儿化音节。儿化这种语流音变现象也是普通话所独有的,是普通话语音是否纯正的标志之一。同轻声一样,有些应试人往往把普通话里的儿化音节读成独立的"er"音节,或者儿化音节卷舌不到位,这些都大大降低了普通话水平的标准程度。

三、注意词的轻重格式

一句话中音节有轻重强弱的不同,造成这种变化除了音节与音节之间声调的区别外,还因为构成一句话的每个音节在音量上是不均衡的。也就是说,多音节词的各个音节有着约定俗成的轻重强弱差别,称为词的轻重格式。

在进行多音节词语测试时,要正确处理轻重音格式,朗读时不能每个音节都均匀使力,也不能把每个音节的声韵调原原本本、不折不扣地读出来,这样语感上不仅不自然,还让人感到很生硬,不像纯正的普通话,也会造成测试项扣分。

四、注意节奏

词是语言中最小的能够独立运用的有音有义单位。多音节词的内部结构很紧密,在测试过程中不能破坏词的内部结构。因而,在测试多音节词语时,应试人一定不能将词"字化",即一个字一个字地读,这样会破坏词的内部结构和节奏。

(1)词语停连。在进行多音节词语测试时,词内音节要连读,词与词之间的音节要有适当停顿。一个词一个词地读,不要偏快也不要偏慢。

(2)语速快慢适中。《大纲》规定:读多音节词语100个音节,限时2.5分钟。超时

1分钟以内,扣0.5分;超时1分钟以上(含1分钟),扣1分。读多音节词语,只要每个音节读完整,一个词接一个词地往下读,就不会超时。有的人担心时间不够,快速抢读,有的字被完全"吃"掉了,降低了准确率。因此,切忌抢读。念读也不能太慢,不能每个字都揣摩或试读,速度太慢,影响词语节奏,这也从一个侧面反映出应试人普通话基础太差,对测试准备不足。超时要一次性扣分。

五、注意多音多义字的正确读音

普通话中有些构词的音节可以有多个读音。测试时,应试人可选读其中任何一个读音。但无论选读哪个读音,都必须读准该音节的声母、韵母和声调。比如"熟悉"一词中的"熟"可以读"shú",也可以读"shóu";但无论选读哪个音,都必须发音正确才可计分。若有语境区分的,要注意结合语境辨别,如游说(yóushuì)、应付(yìngfu)、晕倒(yūndǎo)、参差(cēncī)、心广体胖(pán)等。

第三节　多音节词语综合训练

本节所选多音节词语,均对普通话声母、韵母、声调有较全面的覆盖,并考虑到轻声、儿化以及上声变调等内容的练习。

训练要求:除要求每个音节准确、清晰、饱满外,还要考虑到以双音节词为单位,注意音节之间的内部联系。

一

捏造	偶尔	色彩	人质	钟点	挨个儿	八卦
草丛	颤音	当票	乐队	专长	一心	胸怀
忘却	退休	损坏	说法	求得	谱曲	日程
快乐	作家	表扬	暖和	沿边儿	准确	再见
愿望	学费	胜利	山脉	裙子	人们	皮肤
难怪	安静	家庭	墨水儿	耐用	非分	关节
河口	茴香	锦缎	恐慌	垒球	论说	木耳

二

远虑	恰好	告诫	侍候	肘子	人才	忠臣
棕榈	加工	载荷	差点儿	晕车	滑雪	扩大
排球	三角	采用	冠军	暖气	推广	勉强
而且	品行	吞并	朋友	一块儿	表扬	颠簸
没错	污秽	嫉妒	织女	日夜	非常	老头儿
凤凰	柠檬	同志	挂帅	牢房	恶心	越发
劝说	墨水儿	雄伟	儿孙	上司	咳嗽	眨眼

三

刁钻	苏醒	导语	徇私	稿子	永远	老头儿
南方	冰棍儿	麻雀	争论	确实	奖券	几何
制造	衰竭	耳朵	同学	夸张	朋友	翡翠
否定	宣战	快活	了解	脑袋	罢工	阳伞
气象	墨水儿	锐角	夹层	类推	容忍	百货
陨灭	磷酸	玩意儿	采访	产品	儿女	匪徒
凶犯	窗户	留念	狠心	破产	可怜	华夏

四

军用	罪证	其他	阁下	略微	做客	温暖
出圈儿	山沟	同盟	青草	胖墩儿	私人	打败
铲除	爽快	瓜分	赞美	壮年	薄荷	掌管
取消	磋商	对头	巧合	委员	皇族	老汉
莫非	太阳	成效	假使	贫穷	反映	桌子
包袱	个头儿	落魄	宣布	钟点儿	遣散	辅佐
炮击	寒流	琵琶	指挥	福德	缺陷	命运

五

训谕	喧扰	冤魂	窃听	辩证	播音	合作
声调	时候	主持	心眼儿	瓜分	那样	女儿
群众	广大	委婉	首府	瑞雪	私营	专用
价格	发烧	不料	率领	起名儿	枉费	顶牛儿
穷苦	夸奖	谅解	恰当	标准	便宜	朋友
谈话	揣摩	词典	操场	算了	所在	干杯
统销	坎坷	韭菜	传播	小孩儿	无为	财产

六

汇报	所属	修改	磁头	运输	抗击	分界
城郊	春播	满载	背面	把握	口哨儿	后代
耳目	电视	中断	池塘	宁可	告终	食品
下本儿	畏惧	寿命	疯狂	话剧	祝贺	眼角
经济	相反	破烂儿	热潮	书籍	整数	议院
蟋蟀	打杂儿	窑洞	表里	愿望	少量	知道
自称	回去	作品	禅宗	否定	相对	受持

七

早晚	清楚	清汤	狂风	杀害	内乱	护送
沉默	围剿	背包	感动	个体	舌头	考古
商品	幼年	开刃儿	瞄准	弱者	印刷	日子
扇面儿	谅解	尽快	搞好	刀光	权力	利润
敏感	表层	保管	家族	症候	金鱼儿	享有
仁爱	二月	运气	大修	中选	潜艇	反对
本着	挥手	减产	饭桌儿	圆圈	工夫	采访

八

忽视	切开	铜钱	效率	残余	刨根儿	疫苗
列国	枪眼儿	宁愿	准则	产量	可否	嫂子
宽大	腹部	老头儿	降临	纯粹	儿戏	阻挡
整修	叫唤	野人	怀孕	拟定	交纳	打鸣儿
如意	文学	位置	小米	钢材	领土	折磨
通俗	脸蛋儿	手枪	吊桥	裁军	农民	政策
趣味	玩意儿	团长	广州	黑板	百万	法定

九

配偶	感动	赛跑	假使	农家	火警	梅花
半岛	促进	春天	委屈	甚至	黄色	记录
随便	过半	轮换	耐热	土产	相接	解散
文字	介于	全国	着陆	饱和	询问	藏匿
前头	洗澡	胸怀	年岁	取暖	款待	采用
芦苇	应变	贫困	气愤	讲究	枪炮	评判
兄妹	体重	村子	化学	驾驶	出圈儿	变法儿

十

瞎抓	免得	滑动	打量	能人	减少	抗击
否则	回溯	贫农	美好	卡片	旅行	背诵
排球	勋爵	和蔼	日晕	首先	流畅	耳朵
玩意儿	庸碌	绳子	宣教	影响	快慰	祖国
恳切	村庄	格局	从前	日出	糯米	损失
从容	财产	奔驰	魔鬼	本质	年头儿	弹指
面条儿	超越	成就	颠倒	钟声	涅槃	悟道

第十七章　朗读短文

第一节　朗读短文的要求

短文从《普通话水平测试用朗读作品》中选取,目的是测查应试人使用普通话朗读书面作品的水平。在测查声母、韵母、声调读音标准程度的同时,重点测查连读音变、停连、语调以及流畅程度。

按照《普通话水平测试大纲》评分规则,以朗读作品的前400个音节(不含标点符号和括注的音节)为限。每错1个音节,扣0.1分;漏读或增读1个音节,扣0.1分。声母或韵母的系统性语音缺陷,视程度扣0.5分、1分。语调偏误,视程度扣0.5分、1分、2分。停连不当,视程度扣0.5分、1分、2分。朗读不流畅(包括回读),视程度扣0.5分、1分、2分。超时扣1分。

一、语音和表达准确

朗读,就是用响亮的声音,准确、规范、恰当、流畅地表达作品。在这几个要素中,首先要做到准确。准确的含义有三方面:字音准确、表达准确、语意准确。

字音准确是指声母、韵母、声调的发音正确,轻声、儿化、变调等符合音变规律,即普通话语音要标准。

表达准确是指在朗读作品过程中,不可增字、减字、改字、颠倒字,即要忠实于原作。

语意准确是指在表达的过程中,不能因语音的停顿使作品意义产生歧义或让句子的结构有错误。

准确,是朗读作品最起码、最基本的要求,同时也是整个普通话水平测试的核心。从单音节字到双音节词语再到朗读和说话,语音和表达方面对准确的要求越来越高:首先,第一题"单音节字词"只要求声母、韵母、声调的发音要准确;第二题"多音节词语"除以上外,还要求轻声、儿化、变调要准确;第三题"朗读短文"中,一、二题的要求全有,还增加了"一、不"变调、"啊"音变等内容;第四题"命题说话",则不但要求语音准确,而且对词汇和语法也做出了准确的要求。其次,在读单双音节时,应试人如果发现自己发音错误、识字错误或发音有缺陷,还可以重读,但朗读中却不允许重读。它要求完整、准确地把作品表达出来。如果在朗读作品中任何一个地方停顿下来改正错误,就要扣分(扣回读和停连不当的分)。

二、语调规范

语调,是各种语言因素的综合表现,语调是由连贯语句的语声高低、快慢停顿以及轻重变化等构成的。普通话的语调是个极为复杂的问题,朗读文学作品的语调更是一个不易说清楚的技巧问题。

普通话的语调复杂而且不易说清楚,所以《大纲》的表述也较模糊。用"问题突出""比较明显""略有反映"来判断应试人普通话语调的规范程度。如果不规范,则存在着方言语调。

方言语调是一个不可量化的概念,扣分也就不可能做到像单双音节的错误和缺陷、朗读中的错漏扣分那样精确。

《大纲》规定:"语调偏误,视程度扣 0.5 分、1 分、2 分"。在朗读的各项扣分中,方言语调的扣分是比较重的。所以,克服方言语调,提高普通话语调的规范程度,就显得非常必要。

方言语调是指受方言影响在语句中存留的各种方言语音现象。不同方言区的人一开口说普通话,一般都带有本方言区的语音色彩。如粤方言区 zh、ch、sh 与 j、q、x 容易相混。四川方言虽属北方方言,但在声母、韵母、声调以及音变方面都与普通话有一些差别,存在着声母边鼻音不分、平翘舌音相混、韵母 o 与 e 及 uo 混淆、前后鼻韵母分不清楚、声调调值不准、音变不符合规律等问题。凡有各种语音问题,普通话的语调就很容易不规范,语感就不纯正,就有方言味儿。这种"味儿"就是方言语调。所以,方言语调往往是与成系统的方言语音紧密相连的,朗读中语音错误的扣分多,方言语调则扣分多;语音错误较少,方言语调扣分就相对较少。

三、停连恰当

停连,就是指停顿和连接。

在朗读中,句子有高低的变化(句调)、字音有轻重的不同(语句重音和非语句重音)、语速有快慢的差别、句子和句子之间有停顿和断句。这些要素有机组合、恰当运用,能使作品语意清晰、表意准确、生动自然,否则就会破坏语意的完整性甚至造成歧义和语句结构的错误。以上要素中,以重音和停顿最为重要。

朗读作品时显著的停顿都有标点符号,但为了突出某一事物,强调某一观点,表达某种感情,可在句中没有标点符号的地方做适当的停顿,这就是逻辑停顿。逻辑停顿

不能破坏词和语法的完整性。至于安排多少逻辑停顿则与语速快慢有关,语速快,逻辑停顿少;语速慢,逻辑停顿适当增加。例如朗读较长的句子,我们用"|"表示较短的逻辑停顿,用"‖"表示较长的逻辑停顿。

在闽西南|和粤东北的|崇山峻岭中,点缀着数以千计的|圆形围屋或土楼。这就是|被誉为‖"世界民居奇葩"的‖客家|民居。

逻辑停顿切忌读破词,读破句。如果将最后的"客家民居",读成"客家民|居"就错了。逻辑停顿很短暂,具有停连的特点,即在整体的连贯中稍有停顿,从听觉上讲好似一种节奏,而不是休止。所以《大纲》规定:停连不当,视程度扣 0.5 分、1 分、2 分。

四、语速流畅

语速是指说话或朗读时的速度,指在单位时间里吐字的快慢。

普通话水平测试的各项内容,都有限时的要求。《大纲》对朗读短文一项的要求是:"限时 4 分钟,超时扣 1 分。"限时的目的是在正常语速下判定应试人的普通话水平。语速过快,易形成语音缺陷;语速过慢,作品表达的流畅性要受影响,所以,应根据内容、体裁的不同,在字音、内容准确,语调规范的前提下,用合适的语速,自然流畅地表达作品。

第二节 朗读短文应试策略

朗读是把文字作品转化为有声语言的一种创作活动。

在普通话水平测试中,应试人要用普通话,准确、规范、恰当、流畅地把文章读出来。按照《大纲》所规定的评分标准,应试人应做到:语音和表达要准确(不可错漏)、语调要规范(不能存在方言语调)、停连位置要恰当(不能造成歧义或句子结构的错误,同时表达也要连贯)、语速快慢要合适(做到自然流畅)、不能超时,否则就要视程度不同扣分。

一、语音和表达应试策略

语音和表达出现问题的原因主要有:

应试人语音基础较差、缺乏良好的心理素质、测试前准备不足。语音基础较差导致发音错误较多,并且这些错误一般是成系统的,所以扣分率高;心理素质不好,临场就会紧张、慌乱,语音错误、表达错误频出,口误增多;测试前准备不足也会导致失分,如对作品不够熟悉、发音器官紧张等,例如发音器官紧张,发音就会僵化生硬,造成不应有的发音错误和缺陷,语调也容易不规范。

针对此类问题,应试人应做好以下准备:

第一,做好语音准备。

语音准备是最重要也最长效的准备。应试人的语音问题,有的只表现为少数的平翘不分,有的是声、韵、调都有发音错误或缺陷。单一型的较好纠正,复合型的纠正起来较难。这些问题有主次之分、轻重之别。应抓住主要问题,突出重点,争取取得最佳效果。训练过程中,教师要指出应试人的问题,提出纠正错误的方法,应试人要刻苦练习,纠正方音。

第二,做好心理准备。

应试人对普通话水平测试要有正确的认识,消除紧张心理。测试的目的是更好地学习和使用普通话,提高普通话口语表达水平。第一次测试成绩不理想,还可以在间隔一定时间后申请第二次(甚至更多次)测试,直到达到自己满意的等级为止。应试人对测试,思想上要重视、心理上要放松、行动上要抓紧。学生要与教师一起,客观分析自身的语音情况,并积极训练,做到心中有数、临阵不慌。

第三,做好生理准备。

应试人通过一些简单的活动,锻炼各发音器官,使发音器官处在一种积极、良好的发音状态,克服因发音器官紧张而带来的语音错误和缺陷。一般说来,每个人在测试前都会有不同程度的紧张。应试人可利用这段时间做做发音前的生理准备。这就像运动员比赛前的热身、歌唱演员上台前的亮嗓(喊嗓)一样重要和必要。测试中发现,不少应试人发音时因呼吸不匀、声带发出颤音、面部肌肉紧张、口腔状态不好(打不开口腔,口腔内各发音部位配合不好)导致语音错漏,所以做好生理准备也是克服语音问题的一个积极对策。

二、语调应试策略

应试人出现方言语调的原因主要有:

第一,应试人来自方言区,平常说普通话的时间较少,加之普通话基础较差,所以在测试时便不可避免地露出各种方音。

第二,由于方言与普通话差异较大,有的应试人很容易在朗读中出现声调的错误及系统性缺陷。声调错误或缺陷是导致方言语调形成的最直接原因。

第三,语流音变的规律掌握不熟练或发音不到位。如上声变调、"一"和"不"变调、词语的轻重音格式、"啊"音变、轻声、儿化等的发音错误或缺陷,也是造成方言语调的重要原因。

第四,由于不知道朗读和朗诵的区别,把朗读误以为是朗诵,把对作品的转述当成了表演,朗读时语调夸张、声调忽高忽低、四声相对高度不一致,语速忽快忽慢,声音前高后低、前强后重等,形成了一种固定的"朗诵腔"。这些也是方言语调的具体体现。

针对以上问题,应试人应注意:

养成平时用普通话进行思维、阅读(包括默读)、会话的习惯。一个人的思维和阅读习惯深受母语影响,如果母语是某种方言,则这种习惯很难改变。在一定语言环境中,说话者的会话可能在较短时间内由方言改为普通话,而思维和阅读习惯是根深蒂固的,须经过长期的训练方能奏效。训练可采用复述、描述、评述、解说、报告、日常谈话、致辞、讲故事、演讲、辩论等方式进行。

强化声调和音变训练。训练中要努力读准普通话四声的调值,避免由于语调变化而使字调发生变化。此外,还要加强音变训练,掌握各种音变规律,反复练习,直到各种音变都能读准、读自然为止。

明确朗读语言的要求,运用恰当方式表现作品。《大纲》提供的50篇作品,或叙事性强,或抒情突出,或重在描写;体裁以散文为主。在表达上不需要过度的声音高低对比、强弱变化;在情感处理上不需要像诗歌朗诵般激情澎湃;在音色的处理上不需要像刻画小说人物般惟妙惟肖、栩栩如生。朗读是一种比较庄重和质朴的再创作。应试时朗读的任务是传达而非表演,不追求情节性和趣味性,强调准确性和深刻性;不追求渲染性和夸张性,强调严谨性和规范性。就是说,朗读的语言具有规整性的特点。规整性犹如文学创作中的白描手法,既不佶屈聱牙、生涩隐晦,又不浓墨重彩、奇险浮饰,更不哗众取宠、插科打诨。

平时朗读训练的方式主要有:

(1)跟读:听示范朗读,跟读。注意字音的准确、语调的规范和表达技巧的运用。注意在准确的基础上对整篇作品基调的把握。

(2)说读:根据作品的思想内容选择适当的表现方式,朴实自然地把内容"说"(读)出来,表达时做到既不无动于衷,又不自作多情。

三、停连应试策略

出现停连不当的原因主要有:由于理解作品有误,导致停连位置不当,造成歧义或错误;由于心理紧张,导致读破句,句子不连贯不流畅,停顿过多、重读较多。

停连是有声语言的"标点符号",在朗读过程中,声音中断、休止的地方就是停顿。反之,那些不中断、不休止的地方(特别是有标点符号而不中断、不休止的地方)就叫连接。应试人应掌握普通话朗读有关知识,明白重音、停顿等技巧在朗读中的重要作用。结合实践训练朗读技巧,提高朗读水平。熟悉和了解作品,扫清文字障碍、查准词语的发音、理清句子关系及结构、分清文章主次,做到心中有数,沉着应战。

四、语速应试策略

测试中发现,朗读时与语速有关的情况主要有三方面:

(1)语速合适,普通话较流畅,无不恰当停顿,但字音错误较多(普通话属于流畅而不标准一类)。

(2)语速较合适,普通话不流畅,字音错漏较多,有停连不当现象(普通话属于比较流畅,比较标准一类)。

(3)语速不合适(过慢),普通话不很流畅,吐字较生硬,无不恰当停顿,但字音较标准,错漏较少(属于普通话较标准而不流畅一类)。

以上只有第三类才真正属于语速不当问题。语速过慢主要是由于读得太仔细、唯恐字音有错漏。少数应试人语速稍快,则主要是由于紧张、慌乱所致。

备考对策:

养成平时说话平稳适中的习惯。

反复朗读作品,控制语速,做到快而不乱、慢而不断、自然流畅。

听示范录音,跟读作品,掌握语速。

做好心理和生理准备,临场不急不慌,从容应对。

说明:以上各项问题及对策是分项提出的,但解决问题时,应试人应综合运用各种对策。朗读成绩(测试成绩)的好坏,除以上提到的诸因素外,还与应试人的文化素质、心理素质密切相关。要取得较好的普通话水平测试成绩,应试人还必须提高文化素质和心理素质。

第三节　普通话水平测试用朗读作品

说明:

(1)朗读作品共50篇,供普通话水平测试第四项——朗读短文测试使用。为适应测试需要,必要时对原作品做了部分更动。

(2)每篇作品在第400个音节后用"//"标注。

(3)为适应朗读的需要,作品中的数字一律采用汉字的书写方式书写,如:"2000年",写作"二〇〇〇年";"50%",写作"百分之五十"。

(4)朗读作品的"读音提示",注音均标注变调。

(5)作品中的必读轻声音节,拼音不标调号。一般轻读,间或重读的音节,拼音加注调号,并在拼音前加圆点提示,如:"因为",拼音写作"yīn·wèi"。

（6）作品中的儿化音节分两种情况。一是书面上加"儿"，拼音时在基本形式后加 r，如："小孩儿"，拼音写作"xiǎoháir"；二是书面上没有加"儿"，但口语里一般儿化的音节，拼音时也在基本形式后加 r，如："辣味"，拼音写作"làwèir"

作品 1 号

照北京的老规矩①，春节差不多②在腊月的初旬就开始了。"腊七腊八，冻死寒鸦"，这是一年里最冷的时候。在腊八这天，家家都熬腊八粥。粥是用各种米，各种豆，与各种干果熬成的。这不是粥，而是小型的农业展览会。

除此之外，这一天还要泡腊八蒜。把蒜瓣③放进④醋里，封起来，为过年吃饺子用。到年底，蒜泡得色如翡翠，醋也有了些辣味⑤，色味双美，使人忍不住要多吃几个饺子。在北京，过年时，家家吃饺子。

孩子们准备过年，第一件大事就是买杂拌儿⑥。这是用花生、胶枣、榛子⑦、栗子等干果与蜜饯⑧掺和⑨成的。孩子们喜欢吃这些零七八碎儿⑩。第二件大事是买爆竹⑪，特别是男孩子们。恐怕第三件事才是买各种玩意儿⑫——风筝⑬、空竹、口琴等。

孩子们欢喜，大人们也忙乱。他们必须预备过年吃的、喝的、穿的、用的，好在新年时显出万象更新的气象。

腊月二十三过小年，差不多就是过春节的"彩排"。天一擦黑儿⑭，鞭炮响起来，便有了过年的味道。这一天，是要吃糖的，街上早有好多卖麦芽糖与江米糖的，糖形或为长方块⑮或为瓜形，又甜又黏⑯，小孩子们最喜欢。

过了二十三，大家更忙。必须大扫除一次，还要把肉、鸡、鱼、青菜、年糕什么的都预备充足——店//铺多数正月初一到初五关门，到正月初六才开张。

节选自老舍《北京的春节》

读音提示

①规矩 guīju

②差不多 chà·buduō

③蒜瓣 suànbànr

④放进 fàngjìn

⑤辣味 làwèir

⑥杂拌儿 zábànr

⑦榛子 zhēnzi

⑧蜜饯 mìjiàn

⑨掺和 chānhuo

⑩零七八碎儿 língqī-bāsuìr

⑪爆竹 bàozhú

⑫玩意儿 wányìr

⑬风筝 fēngzheng

⑭擦黑儿 cāhēir

⑮长方块 chángfāngkuàir

⑯又甜又黏 yòutián yòu nián

作品 2 号

盼望着,盼望着,东风来了,春天的脚步近了。

一切都像刚睡醒的样子,欣欣然张开了眼。山朗润起来了,水涨起来了,太阳的脸红起来了。

小草偷偷地从土里钻出来,嫩嫩的,绿绿的。园子里,田野里,瞧去,一大片一大片满是的。坐着,躺着,打两个滚①,踢几脚球②,赛几趟跑,捉几回迷藏。风轻悄悄的,草软绵绵的。

……

"吹面不寒杨柳风",不错的,像母亲的手抚摸着你。风里带来些新翻的泥土的气息,混着青草味儿③,还有各种花的香,都在微微湿润的空气里酝酿④。鸟儿⑤将巢安在繁花绿叶⑥当中,高兴起来了,呼朋引伴地卖弄清脆的喉咙,唱出宛转⑦的曲子,跟轻风流水应和着。牛背上牧童的短笛,这时候也成天嘹亮地响着。

雨是最寻常的,一下就是三两天。可别恼。看,像牛毛,像花针,像细丝,密密地斜织着,人家屋顶上全笼着一层薄烟⑧。树叶儿却绿得发亮,小草儿也青得逼你的眼。傍晚时候,上灯了,一点点黄晕⑨的光,烘托出一片安静而和平的夜。在乡下⑩,小路上,石桥边,有撑起伞慢慢走着的人,地里还有工作的农民,披着蓑戴着笠。他们的房屋,稀稀疏疏的,在雨里静默着。

天上风筝⑪渐渐多了,地上孩子也多了。城里乡下,家家户户,老老小小,//也赶趟儿似的⑫,一个个都出来了。舒活舒活筋骨,抖擞抖擞精神,各做各的一份儿事去。"一年之计在于春",刚起头儿,有的是工夫,有的是希望。

春天像刚落地的娃娃,从头到脚都是新的,它生长着。

春天像小姑娘,花枝招展的,笑着,走着。

春天像健壮的青年,有铁一般的胳膊和腰脚,领着我们上前去。

节选自朱自清《春》

读音提示

① 打两个滚 dǎ liǎng gè gǔnr
② 踢几脚球 tī jǐ jiǎo qiúr
③ 青草味儿 qīngcǎo wèir
④ 酝酿 yùnniàng
⑤ 鸟儿 niǎo'ér
⑥ 繁花绿叶 fánhuā-lǜyè
⑦ 宛转 wǎnzhuǎn
⑧ 薄烟 bóyān
⑨ 黄晕 huángyùn
⑩ 乡下 xiāngxia
⑪ 风筝 fēngzheng
⑫ 似的 shìde

作品 3 号

燕子去了,有再来的时候①;杨柳枯了,有再青的时候;桃花谢了,有再开的时候。但是,聪明的,你告诉我,我们的日子为什么一去不复返呢?——是有人偷了他们罢:那是谁?又藏在何处呢?是他们自己逃走了罢:现在又到了哪里呢?

去的尽管②去了,来的尽管来着;去来的中间,又怎样地匆匆呢?早上我起来的时候,小屋里射进两三方斜斜的太阳。太阳他有脚啊,轻轻悄悄③地挪移④了;我也茫茫然⑤跟着旋转⑥。于是——洗手的时候,日子从水盆里过去;吃饭的时候,日子从饭碗里过去;默默时,便从凝然⑦的双眼前过去。我觉察他去的匆匆了,伸出手遮挽⑧时,他又从遮挽着的手边过去;天黑时,我躺在床上,他便伶伶俐俐⑨地从我身上跨过,从我脚边飞去了。等我睁开眼和太阳再见,这算又溜走了一日。我掩着面叹息,但是新来的日子的影儿⑩又开始在叹息里闪过了。

在逃去如飞的日子里,在千门万户的世界里的我能做些什么呢?只有徘徊⑪罢了,只有匆匆罢了;在八千多日的匆匆里,除徘徊外,又剩些什么呢?过去的日子如轻烟,被微风吹散了,如薄雾⑫,被初阳蒸融⑬了;我留着些什么痕迹呢?我何曾留着像游丝样的痕迹呢?我赤裸裸⑭//来到这世界,转眼间也将赤裸裸的回去罢?但不能平的,为什么偏白白走这一遭啊?

你聪明的,告诉我,我们的日子为什么一去不复返呢?

节选自朱自清《匆匆》

读音提示

①时候 shíhou
②尽管 jǐnguǎn
③轻轻悄悄 qīngqīngqiāoqiāo
④挪移 nuóyí
⑤茫茫然 mángmángrán
⑥旋转 xuánzhuǎn
⑦凝然 níngrán
⑧遮挽 zhēwǎn
⑨伶伶俐俐 línglínglìlì
⑩影儿 yǐng'ér
⑪徘徊 páihuái
⑫薄雾 bówù
⑬蒸融 zhēngróng
⑭赤裸裸 chìluǒluǒ

作品4号

　　有的人在工作、学习中缺乏耐性和韧性,他们一旦碰了钉子,走了弯路,就开始怀疑自己是否有研究才能。其实,我可以告诉①大家,许多有名的科学家和作家,都是经过很多次失败,走过②很多弯路才成功的。有人看见一个作家写出一本好小说,或者看见一个科学家发表几篇有分量③的论文,便仰慕不已,很想自己能够信手拈来④,妙手成章⑤,一觉醒来,誉满天下。其实,成功的作品和论文只不过是作家、学者们整个创作⑥和研究中的极小部分,甚至数量上还不及失败作品的十分之一。大家看到的只是他们成功的作品,而失败的作品是不会公开发表出来的。

　　要知道,一个科学家在攻克科学堡垒⑦的长征⑧中,失败的次数⑨和经验,远比成功的经验要丰富、深刻得多。失败虽然不是什么令人快乐的事情,但也决不应该因此气馁⑩。在进行⑪研究时,研究方向不正确,走了些岔路⑫,白费了许多精力,这也是常有的事。但不要紧,可以再调换⑬方向进行研究。更重要的是要善于吸取失败的教训,总结已有的经验,再继续前进⑭。

　　根据我自己的体会,所谓天才,就是坚持不断的努力⑮。有些人也许觉得我在数学方面有什么天分⑯,//其实从我身上是找不到这种天分的。我读小学时,因为成绩不好,没有拿到毕业证书,只拿到一张修业证书。初中一年级时,我的数学也是经过补考才及格的。但是说来奇怪,从初中二年级以后,我就发生了一个根本转变,因为我认识到既然我的资质差些,就应该多用点儿时间来学习。别人学一小时,我就学两小时,这样,我的数学成绩得以不断提高。

　　一直到现在我也贯彻这个原则:别人看一篇东西要三小时,我就花三个半小时。经过长期积累,就多少可以看出成绩来。并且在基本技巧烂熟之后,往往能够一个钟头就看懂一篇人家看十天半月也解不透的文章。所以,前一段时间的加倍努力,在后一段时间能收到预想不到的效果。

　　是的,聪明在于学习,天才在于积累。

　　　　　　　　　　　　　　　　　　节选自华罗庚《聪明在于学习,天才在于积累》

读音提示

①告诉 gàosu
②走过 zǒuguo
③分量 fèn·liàng
④信手拈来 xìnshǒu-niānlái
⑤妙手成章 miàoshǒu-chéngzhāng
⑥创作 chuàngzuò
⑦堡垒 bǎolěi
⑧长征 chángzhēng
⑨次数 cìshù
⑩气馁 qìněi
⑪进行 jìnxíng
⑫岔路 chàlù
⑬调换 diàohuàn
⑭前进 qiánjìn
⑮努力 nǔlì
⑯天分 tiānfèn

作品 5 号

去过①故宫大修现场的人,就会发现这里和外面工地的劳作景象有个明显的区别:这里没有起重机,建筑材料都是以手推车的形式送往工地,遇到人力无法运送的木料时,工人们会使用百年不变的工具——滑轮组。故宫修缮②,尊重着"四原"原则,即原材料、原工艺、原结构、原型制。在不影响体现传统工艺技术手法特点的地方③,工匠可以用电动工具,比如开荒料、截头④。大多数时候工匠都用传统工具:木匠⑤画线用的是墨斗⑥、画签、毛笔、方尺、杖竿⑦、五尺;加工制作木构件使用的工具有锛⑧、凿、斧、锯、刨⑨等等。

最能体现大修难度的便是瓦作中"苫背"⑩的环节。"苫背"是指在房顶做灰背的过程,它相当于为木建筑添上防水层。有句口诀是三浆三压⑪,也就是上三遍石灰浆,然后再压上三遍。但这是个虚数。今天是晴天,干得快,三浆三压硬度就能符合⑫要求,要是赶上阴天,说不定就要六浆六压。任何一个环节的疏漏都可能导致漏雨,而这对建筑的损坏是致命的。

"工"字早在殷墟⑬甲骨卜辞⑭中就已经出现过。《周官》与《春秋左传》⑮记载⑯周王朝与诸侯都设有掌管营造的机构。无数的名工巧匠为我们留下了那么多宏伟的建筑,但却//很少被列入史籍,扬名于后世。

匠人之所以称之为"匠",其实不仅仅是因为他们拥有了某种娴熟的技能,毕竟技能还可以通过时间的累积"熟能生巧",但蕴藏在"手艺"之上的那种对建筑本身的敬畏和热爱却需要从历史的长河中去寻觅。

将壮丽的紫禁城完好地交给未来,最能仰仗的便是这些默默奉献的匠人。故宫的修护注定是一场没有终点的接力,而他们就是最好的接力者。

节选自单霁翔《大匠无名》

读音提示

①去过 qùguo
②修缮 xiūshàn
③地方 dìfang
④截头 jié tóu
⑤木匠 mùjiang
⑥墨斗 mòdǒu
⑦杖竿 zhànggān
⑧锛 bēn
⑨刨 bào
⑩苫背 shànbèi
⑪三浆三压 sānjiāng-sānyā
⑫符合 fúhé
⑬殷墟 Yīnxū
⑭卜辞 bǔcí
⑮春秋左传 Chūnqiū Zuǒzhuàn
⑯记载 jìzǎi

作品6号

立春过后,大地渐渐从沉睡中苏醒过来。冰雪融化,草木萌发①,各种花次第开放。再过两个月,燕子翩然②归来。不久,布谷鸟也来了。于是转入③炎热④的夏季,这是植物孕育⑤果实的时期。到了秋天,果实成熟⑥,植物的叶子渐渐变黄,在秋风中簌簌⑦地落下来。北雁南飞,活跃在田间草际的昆虫也都销声匿迹⑧。到处呈现⑨一片衰草连天⑩的景象,准备迎接风雪载途⑪的寒冬。在地球上温带和亚热带⑫区域里,年年如是,周而复始⑬。

几千年来,劳动人民注意了草木荣枯、候鸟去来等自然现象同气候的关系,据以安排农事。杏花开了,就好像大自然在传语⑭要赶快耕地;桃花开了,又好像在暗示要赶快种谷子。布谷鸟开始唱歌,劳动人民懂得它在唱什么:"阿公阿婆,割麦插禾。"这样看来,花香鸟语,草长莺飞⑮,都是大自然的语言。

这些自然现象,我国古代劳动人民称它为物候⑯。物候知识在我国起源很早。古代流传下来的许多农谚就包含了丰富的物候知识。到了近代,利用物候知识来研究农业生产,已经发展为一门科学,就是物候学。物候学记录植物的生长荣枯,动物的养育往来,如桃花开、燕子来等自然现象,从而了解随着时节//推移的气候变化和这种变化对动植物的影响。

节选自竺可桢《大自然的语言》

读音提示

①萌发 méngfā
②翩然 piānrán
③转入 zhuǎnrù
④炎热 yánrè
⑤孕育 yùnyù
⑥成熟 chéngshú
⑦簌簌 sùsù
⑧销声匿迹 xiāoshēng-nìjì
⑨呈现 chéngxiàn
⑩衰草连天 shuāicǎo-liántiān
⑪风雪载途 fēngxuě-zàitú
⑫亚热带 yàrèdài
⑬周而复始 zhōu'érfùshǐ
⑭传语 chuányǔ
⑮草长莺飞 cǎozhǎng-yīngfēi
⑯物候 wùhòu

作品 7 号

当高速列车从眼前呼啸①而过时,那种转瞬即逝②的感觉让人们不得不发问:高速列车跑得那么快,司机能看清路吗?

高速列车的速度非常快,最低时速标准是二百公里。且不说能见度低的雾霾③天,就是晴空万里的大白天,即使是视力好的司机,也不能保证正确识别地面的信号。当肉眼看到前面有障碍时,已经来不及反应。

专家告诉我,目前,我国时速三百公里以上的高铁线路不设置④信号机,高速列车不用看信号行车,而是通过列控系统自动识别前进方向。其工作流程为,由铁路专用的全球数字⑤移动通信系统来实现数据传输⑥,控制中心实时⑦接收无线电波信号,由计算机⑧自动排列出每趟列车的最佳运行速度和最小行车间隔⑨距离,实现实时追踪⑩控制,确保高速列车间隔合理地安全运行。当然,时速二百至二百五十公里的高铁线路,仍然⑪设置信号灯控制装置⑫,由传统的轨道电路进行信号传输。

中国自古就有"千里眼"的传说,今日高铁让古人的传说成为现实。

所谓"千里眼",即高铁沿线⑬的摄像头,几毫米见方的石子儿⑭也逃不过它的法眼。通过摄像头实时采集沿线高速列车运行的信息,一旦//出现故障或者异物侵限,高铁调度指挥中心监控终端的界面上就会出现一个红色的框将目标锁定,同时,监控系统马上报警显示。调度指挥中心会迅速把指令传递给高速列车司机。

节选自王雄《当今"千里眼"》

读音提示

①呼啸 hūxiào
②转瞬即逝 zhuǎnshùn-jíshì
③雾霾 wùmái
④设置 shèzhì
⑤数字 shùzì
⑥传输 chuánshū
⑦实时 shíshí
⑧计算机 jìsuànjī
⑨间隔 jiàngé
⑩追踪 zhuīzōng
⑪仍然 réngrán
⑫装置 zhuāngzhì
⑬沿线 yánxiàn
⑭石子儿 shízǐr

作品8号

从肇庆①市驱车半小时左右,便到了东郊风景名胜鼎湖山。下了几天的小雨刚停,满山笼罩②着轻纱似的③薄雾④。

过了寒翠桥,就听到淙淙⑤的泉声。进山一看,草丛石缝,到处都涌流着清亮的泉水。草丰林茂,一路上泉水时隐时现,泉声不绝于耳。有时几股泉水交错流泻⑥,遮断路面,我们得寻找着垫脚的石块⑦跳跃着前进。愈往上走树愈密,绿阴愈浓。湿漉漉⑧的绿叶,犹如大海的波浪,一层一层涌向山顶。泉水隐到了浓阴的深处,而泉声却更加清纯悦耳。忽然,云中传来钟声,顿时山鸣谷应,悠悠扬扬。安详厚重的钟声和欢快活泼⑨的泉声,在雨后宁静的暮色中,汇成一片美妙的音响。

我们循着钟声,来到了半山腰的庆云寺。这是一座建于明代、规模宏大的岭南⑩著名古刹⑪。庭院里繁花似锦,古树参天。有一株与古刹同龄的茶花,还有两株从斯里兰卡⑫引种⑬的、有二百多年树龄的菩提树⑭。我们决定就在这座寺院里借宿。

入夜,山中万籁俱寂,只有泉声一直传送到枕边。一路上听到的各种泉声,这时候躺在床上,可以用心细细地聆听⑮、辨识、品味。那像小提琴一样轻柔的,是草丛中流淌的小溪的声音;那像琵琶⑯一样清脆的,//是在石缝间跌落的涧水的声音;那像大提琴一样厚重回响的,是无数道细流汇聚于空谷的声音;那像铜管齐鸣一样雄浑磅礴的,是飞瀑急流跌入深潭的声音。还有一些泉声忽高忽低,忽急忽缓,忽清忽浊,忽扬忽抑,是泉水正在绕过树根,拍打卵石,穿越草丛,流连花间……

蒙眬中,那滋润着鼎湖山万木,孕育出蓬勃生机的清泉,仿佛汩汩地流进了我的心田。

节选自谢大光《鼎湖山听泉》

读音提示

①肇庆 Zhàoqìng
②笼罩 lǒngzhào
③似的 shìde
④薄雾 bówù
⑤淙淙 cóngcóng
⑥交错流泻 jiāocuò liúxiè
⑦石块 shíkuàir
⑧湿漉漉 shīlùlù
⑨活泼 huópo
⑩岭南 Lǐngnán
⑪古刹 gǔchà
⑫斯里兰卡 Sīlǐlánkǎ
⑬引种 yǐnzhòng
⑭菩提树 pútíshù
⑮聆听 língtīng
⑯琵琶 pí·pá

作品 9 号

　　我常想读书人是世间幸福人,因为^①他除了拥有现实的世界之外,还拥有另一个更为浩瀚^②也更为丰富的世界。现实的世界是人人都有的,而后一个世界却为读书人所独有。由此我想,那些失去或不能阅读的人是多么的不幸,他们的丧失^③是不可补偿的。世间有诸多^④的不平等,财富的不平等,权力的不平等,而阅读能力^⑤的拥有或丧失却体现为精神^⑥的不平等。

　　一个人的一生,只能经历自己拥有的那一份欣悦,那一份苦难^⑦,也许再加上他亲自闻知的那一些关于自身以外的经历和经验。然而,人们通过阅读,却能进入不同时空的诸多他人的世界。这样,具有阅读能力的人,无形间获得了超越有限生命的无限可能性。阅读不仅使他多识了草木虫鱼之名,而且可以上溯^⑧远古下及未来,饱览存在的与非存在的奇风异俗。

　　更为重要的是,读书加惠于人们的不仅是知识的增广^⑨,而且还在于精神的感化与陶冶^⑩。人们从读书学做人,从那些往哲先贤^⑪以及当代才俊^⑫的著述^⑬中学得他们的人格。人们从《论语》^⑭中学得智慧的思考,从《史记》中学得严肃的历史精神,从《正气歌》中学得人格的刚烈,从马克思学得人世//的激情,从鲁迅学得批判精神,从托尔斯泰学得道德的执着。歌德的诗句刻写着睿智的人生,拜伦的诗句呼唤着奋斗的热情。一个读书人,一个有机会拥有超乎个人生命体验的幸运人。

节选自谢冕《读书人是幸福人》

读音提示

①因为 yīn·wèi
②浩瀚 hàohàn
③丧失 sàngshī
④诸多 zhūduō
⑤能力 nénglì
⑥精神 jīngshén
⑦苦难 kǔnàn

⑧上溯 shàngsù
⑨增广 zēngguǎng
⑩陶冶 táoyě
⑪先贤 xiānxián
⑫才俊 cáijùn
⑬著述 zhùshù
⑭论语 Lúnyǔ

作品 10 号

我爱月夜，但我也爱星天。从前在家乡七八月的夜晚在庭院里纳凉①的时候②，我最爱看天上密密麻麻的繁星。望着星天，我就会忘记一切，仿佛③回到了母亲的怀里似的④。

三年前在南京我住的地方⑤有一道后门，每晚我打开后门，便看见一个静寂⑥的夜。下面是一片菜园，上面是星群密布的蓝天。星光在我们的肉眼里虽然微小，然而它使我们觉得光明无处不在。那时候我正在读一些天文学的书，也认得一些星星，好像它们就是我的朋友，它们常常在和我谈话一样。

如今在海上，每晚和繁星相对，我把它们认得很熟了。我躺在舱面上，仰望⑦天空。深蓝色的天空里悬着无数半明半昧⑧的星。船在动，星也在动，它们是这样低，真是摇摇欲坠呢！渐渐地我的眼睛⑨模糊⑩了，我好像看见无数萤火虫⑪在我的周围飞舞。海上的夜是柔和的，是静寂的，是梦幻⑫的。我望着许多认识的星，我仿佛看见它们在对我眨眼，我仿佛听见它们在小声说话。这时我忘记了一切。在星的怀抱中我微笑着，我沉睡⑬着。我觉得自己是一个小孩子，现在睡在母亲的怀里了。

有一夜，那个在哥伦波⑭上船的英国人指给我看天上的巨人。他用手指着://那四颗明亮的星是头，下面的几颗是身子，这几颗是手，那几颗是腿和脚，还有三颗星算是腰带。经他这一番指点，我果然看清楚了那个天上的巨人。看，那个巨人还在跑呢！

节选自巴金《繁星》

读音提示

①纳凉 nàliáng
②时候 shíhou
③仿佛 fǎngfú
④似的 shìde
⑤地方 dìfang
⑥静寂 jìngjì
⑦仰望 yǎngwàng
⑧半明半昧 bànmíng-bànmèi
⑨眼睛 yǎnjing
⑩模糊 móhu
⑪萤火虫 yínghuǒchóng
⑫梦幻 mènghuàn
⑬沉睡 chénshuì
⑭哥伦波 Gēlúnbō

作品 11 号

钱塘江大潮,自古以来被称为天下奇观。

农历①八月十八是一年一度的观潮日。这一天早上②,我们来到了海宁市的盐官镇,据说这里是观潮最好的地方③。我们随着观潮的人群,登上了海塘大堤④。宽阔的钱塘江横卧在眼前。江面很平静,越往东越宽,在雨后的阳光下,笼罩着一层蒙蒙的薄雾⑤。镇海古塔、中山亭和观潮台屹立⑥在江边。远处,几座小山在云雾中若隐若现。江潮还没有来,海塘大堤上早已人山人海。大家昂首东望,等着,盼着。

午后一点左右,从远处传来隆隆⑦的响声,好像闷雷滚动⑧。顿时人声鼎沸⑨,有人告诉我们,潮来了!我们踮⑩着脚往东望去,江面还是风平浪静,看不出有什么变化。过了一会儿⑪,响声越来越大,只见东边水天相接的地方出现了一条白线,人群又沸腾起来。

那条白线很快地向我们移来,逐渐拉长,变粗,横贯江面。再近些,只见白浪翻滚,形成一堵两丈多高的水墙。浪潮越来越近,犹如千万匹白色战马齐头并进,浩浩荡荡⑫地飞奔而来;那声音如同山崩地裂⑬,好像大地都被震得颤动起来。

霎时⑭,潮头奔腾西去,可是余波还在漫天卷地⑮般涌来,江面上依旧风号浪吼⑯。过了好久,钱塘江才恢复了//平静。看看堤下,江水已经涨了两丈来高了。

节选自赵宗成、朱明元《观潮》

读音提示

①农历 nónglì

②早上 zǎoshang

③地方 dìfang

④大堤 dàdī

⑤薄雾 bówù

⑥屹立 yìlì

⑦隆隆 lónglóng

⑧闷雷滚动 mènléi gǔndòng

⑨人声鼎沸 rénshēng-dǐngfèi

⑩踮 diǎn

⑪一会儿 yíhuìr

⑫浩浩荡荡 hàohàodàngdàng

⑬山崩地裂 shānbēng-dìliè

⑭霎时 shàshí

⑮漫天卷地 màntiān-juǎndì

⑯风号浪吼 fēngháo-lànghǒu

作品 12 号

我和几个孩子站在一片园子里,感受秋天的风。园子里长着几棵高大的梧桐树,我们的脚底下,铺了一层厚厚的梧桐叶。叶枯黄,脚踩在上面,嘎吱嘎吱①脆响②。风还在一个劲儿③地刮,吹打着树上可怜的几片叶子,那上面,就快成光秃秃④的了。

我给孩子们上写作课,让孩子们描摹⑤这秋天的风。以为他们一定会说寒冷、残酷和荒凉之类的,结果⑥却出乎我的意料。

一个孩子说,秋天的风,像把大剪刀,它剪呀剪的,就把树上的叶子全剪光了。

我赞许了这个比喻。有二月春风似剪刀之说,秋天的风,何尝不是一把剪刀呢?只不过,它剪出来的不是花红叶绿⑦,而是败柳残荷。

剪完了,它让阳光来住,这个孩子突然接着说一句。他仰向⑧我的小脸⑨,被风吹着,像只通红的小苹果。我怔住⑩,抬头看树,那上面,果真的,爬满阳光啊,每根枝条上都是。失与得,从来都是如此均衡⑪,树在失去叶子的同时,却承接了满树的阳光。

一个孩子说,秋天的风,像个魔术师,它会变出好多好吃的,菱角⑫呀,花生呀,苹果呀,葡萄呀。还有桂花,可以做桂花糕。我昨天吃了桂花糕,妈妈说,是风变出来的。

我笑了。小可爱,经你这么一说,秋天的风,还真是香的。我和孩//子们一起嗅,似乎就闻见了风的味道,像块蒸得热气腾腾的桂花糕。

节选自丁立梅《孩子和秋风》

读音提示

①嘎吱嘎吱 gāzhī gāzhī　　⑦花红叶绿 huāhóng-yèlǜ
②脆响 cuìxiǎng　　⑧仰向 yǎng xiàng
③一个劲儿 yígèjìnr　　⑨小脸 xiǎoliǎnr
④光秃秃 guāngtūtū　　⑩怔住 zhèngzhù
⑤描摹 miáomó　　⑪均衡 jūnhéng
⑥结果 jiéguǒ　　⑫菱角 língjiao

作品 13 号

夕阳落山不久,西方的天空,还燃烧①着一片②橘红色③的晚霞。大海,也被这霞光染成了红色,而且④比天空的景色更要壮观⑤。因为⑥它是活动的,每当一排排波浪涌起的时候,那映照在浪峰上的霞光,又红又亮,简直就像一片片霍霍燃烧着的火焰,闪烁⑦着,消失了。而后面的一排,又闪烁着,滚动着,涌了过来。

天空的霞光渐渐地淡下去了,深红的颜色变成了绯红⑧,绯红又变为浅红。最后,当这一切红光都消失了的时候,那突然显得高而远了的天空,则呈现出一片肃穆⑨的神色。最早出现的启明星,在这蓝色的天幕上闪烁起来了。它是那么大,那么亮,整个广漠⑩的天幕上只有它在那里放射着令人注目的光辉,活像一盏悬挂在高空的明灯。

夜色加浓,苍空中的"明灯"越来越多了。而城市各处的真的灯火也次第亮了起来,尤其是围绕⑪在海港周围山坡上的那一片灯光,从半空倒映⑫在乌蓝的海面上,随着波浪,晃动⑬着,闪烁着,像一串流动着的珍珠,和那一片片密布在苍穹⑭里的星斗⑮互相辉映,煞是好看。

在这幽美的夜色中,我踏着软绵绵的沙滩,沿着海边,慢慢地向前走去。海水,轻轻地抚摸⑯着细软的沙滩,发出温柔的//唰唰声。晚来的海风,清新而又凉爽。我的心里,有着说不出的兴奋和愉快。

夜风轻飘飘地吹拂着,空气中飘荡着一种大海和田禾相混合的香味儿,柔软的沙滩上还残留着白天太阳炙晒的余温。那些在各个工作岗位上劳动了一天的人们,三三两两地来到这软绵绵的沙滩上,他们浴着凉爽的海风,望着那缀满了星星的夜空,尽情地说笑,尽情地休憩。

节选自峻青《海滨仲夏夜》

读音提示

① 燃烧 ránshāo
② 一片 yípiàn
③ 橘红色 júhóngsè
④ 而且 érqiě
⑤ 壮观 zhuàngguān
⑥ 因为 yīn·wèi
⑦ 闪烁 shǎnshuò
⑧ 绯红 fēihóng
⑨ 肃穆 sùmù
⑩ 广漠 guǎngmò
⑪ 围绕 wéirào
⑫ 倒映 dàoyìng
⑬ 晃动 huàngdòng
⑭ 苍穹 cāngqióng
⑮ 星斗 xīngdǒu
⑯ 抚摸 fǔmō

作品 14 号

生命在海洋里诞生①绝不是偶然的,海洋的物理和化学性质,使它成为孕育②原始生命的摇篮。

我们知道,水是生物的重要组成部分,许多动物组织的含水量在百分之八十以上,而一些海洋生物的含水量高达百分之九十五。水是新陈代谢的重要媒介,没有它,体内的一系列生理和生物化学反应就无法进行,生命也就停止。因此,在短时期内动物缺水要比缺少食物更加危险。水对今天的生命是如此重要,它对脆弱的原始生命,更是举足轻重了。生命在海洋里诞生,就不会有缺水之忧。

水是一种良好的溶剂。海洋中含有许多生命所必需的无机盐,如氯化钠③、氯化钾、碳酸盐④、磷酸盐⑤,还有溶解氧⑥,原始生命可以毫不费力地从中吸取它所需要的元素。

水具有很高的热容量⑦,加之海洋浩大,任凭夏季烈日曝晒⑧,冬季寒风扫荡,它的温度变化却比较⑨小。因此,巨大的海洋就像是天然的"温箱",是孕育原始生命的温床。

阳光虽然为生命所必需,但是阳光中的紫外线却有扼杀⑩原始生命的危险。水能有效地吸收紫外线,因而又为原始生命提供⑪了天然的"屏障"⑫。

这一切都是原始生命得以产生和发展的必要条件。//

节选自童裳亮《海洋与生命》

读音提示

①诞生 dànshēng

②孕育 yùnyù

③氯化钠 lǜhuànà

④碳酸盐 tànsuānyán

⑤磷酸盐 línsuānyán

⑥溶解氧 róngjiěyǎng

⑦热容量 rè róngliàng

⑧曝晒 pùshài

⑨比较 bǐjiào

⑩扼杀 èshā

⑪提供 tígōng

⑫屏障 píngzhàng

作品 15 号

在我国历史地理中,有三大都城①密集区,它们是:关中盆地、洛阳盆地、北京小平原。其中每一个地区都曾诞生过四个以上大型王朝的都城。而关中盆地、洛阳盆地是前朝历史的两个都城密集区,正是它们构成了早期文明核心地带中最重要的内容。

为什么这个地带会成为华夏文明最先进的地区?这主要是由两个方面的条件促成的,一个是自然环境方面的,一个是人文环境方面的。

在自然环境方面,这里是我国温带季风气候带的南部,降雨、气温、土壤等条件都可以满足旱作农业的需求。中国北方的古代农作物,主要是一年生的粟②和黍③。黄河中下游的自然环境为粟黍作物的种植④和高产提供⑤了得天独厚的条件。农业生产的发达,会促进整个社会经济的发展,从而推动社会的进步。

在人文环境方面,这里是南北方、东西方大交流的轴心⑥地区。在最早的六大新石器文化分布形势图中可以看到,中原处于⑦这些文化分布的中央地带。无论是考古发现还是历史传说,都有南北文化长距离交流、东西文化相互碰撞的证据⑧。中原地区在空间上恰恰⑨位居中心,成为信息最发达、眼界最宽广、活动最//繁忙、竞争最激烈的地方。正是这些活动,推动了各项人文事务的发展,文明的方方面面就是在处理各类事务的过程中被开创出来的。

节选自唐晓峰《华夏文明的发展与融合》

读音提示

①都城 dūchéng

②粟 sù

③黍 shǔ

④种植 zhòngzhí

⑤提供 tígōng

⑥轴心 zhóuxīn

⑦处于 chǔyú

⑧证据 zhèngjù

⑨恰恰 qiàqià

作品 16 号

于很多中国人而言，火车就是故乡。在中国人的心中，故乡的地位尤为重要，老家的意义非同寻常，所以，即便①是坐过无数次火车，但印象最深刻的，或许还是返乡那一趟车。那一列列返乡的火车所停靠的站台边，熙攘②的人流中，匆忙的脚步里，张望的目光下，涌动③着的都是思乡的情绪。每一次看见返乡那趟火车，总觉得是那样可爱与亲切，仿佛看见了千里之外的故乡。上火车后，车启动的一刹那④，在车轮与铁轨碰撞⑤的"况且"声中，思乡的情绪便陡然⑥在车厢里弥漫⑦开来。你知道，它将驶向的，是你最熟悉⑧也最温暖的故乡。再过几个或者十几个小时，你就会回到故乡的怀抱。这般感受，相信在很多人的身上都曾发生过。尤其在春节、中秋等传统节日到来之际，亲人团聚的时刻，更为强烈。

火车是故乡，火车也是远方。速度的提升，铁路的延伸，让人们通过火车实现了向远方⑨自由流动的梦想。今天的中国老百姓，坐着火车，可以去往九百六十多万平方公里土地上的天南地北，来到祖国东部的平原，到达祖国南方⑩的海边，走进祖国西部的沙漠，踏上祖国北方的草原，去观三山五岳⑪，去看大江大河……

火车与空//间有着密切的联系，与时间的关系也让人觉得颇有意思。那长长的车厢，仿佛一头连着中国的过去，一头连着中国的未来。

节选自舒翼《记忆像铁轨一样长》

读音提示

①即便 jíbiàn

②熙攘 xīrǎng

③涌动 yǒngdòng

④一刹那 yíchànà

⑤碰撞 pèngzhuàng

⑥陡然 dǒurán

⑦弥漫 mímàn

⑧熟悉 shú·xī

⑨远方 yuǎnfāng

⑩南方 nánfāng

⑪三山五岳 sānshān-wǔyuè

作品 17 号

奶奶给我讲过这样一件事:有一次她去商店,走在她前面的一位阿姨推开沉重的大门,一直等到她跟上来才松开手。当奶奶向她道谢的时候,那位阿姨轻轻地说:"我的妈妈和您的年龄①差不多②,我希望她遇到这种时候,也有人为她开门。"听了这件事,我的心温暖了许久。

一天,我陪患病③的母亲去医院输液,年轻的护士④为母亲扎了两针也没有扎进血管⑤里,眼见针眼⑥处鼓起青包。我正要抱怨几句,一抬头看见了母亲平静的眼神——她正在注视着护士额头上密密的汗珠,我不禁⑦收住了涌到嘴边的话。只见母亲轻轻地对护士说:"不要紧,再来一次!"第三针果然成功了。那位护士终于长出了一口气,她连声说:"阿姨,真对不起。我是来实习的,这是我第一次给病人扎针⑧,太紧张⑨了。要不是您的鼓励,我真不敢给您扎了。"母亲用另一只手拉着我,平静地对护士说:"这是我的女儿,和你差不多大小,正在医科大学读书,她也将面对自己的第一个患者。我真希望她第一次扎针的时候,也能得到患者的宽容和鼓励。"听了母亲的话,我的心里充满了温暖与幸福。

是啊,如果我们在生活中能将心比心⑩,就会对老人生出⑪一份//尊重,对孩子增加一份关爱,就会使人与人之间多一些宽容和理解。

节选自姜桂华《将心比心》

读音提示

①年龄 niánlíng
②差不多 chà·bùduō
③患病 huànbìng
④护士 hùshi
⑤血管 xuèguǎn
⑥针眼 zhēnyǎnr
⑦不禁 bùjīn
⑧扎针 zhā zhēn
⑨紧张 jǐnzhāng
⑩将心比心 jiāngxīn-bǐxīn
⑪生出 shēngchū

作品18号

作品18号

晋祠①之美,在山,在树,在水。

这里的山,巍巍的,有如一道屏障;长长的,又如伸开的两臂,将晋祠拥在怀中。春日黄花满山,径幽香远②;秋来草木萧疏,天高水清。无论什么时候拾级③登山都会心旷神怡。

这里的树,以古老苍劲④见长。有两棵老树:一棵是周柏⑤,另一棵是唐槐。那周柏,树干劲直⑥,树皮皱裂⑦,顶上挑着几根青青的疏枝,偃卧⑧于石阶旁。那唐槐,老干粗大,虬枝盘屈⑨,一簇簇柔条,绿叶如盖。还有水边殿外的松柏槐柳⑩,无不显出苍劲的风骨。以造型奇特见长的,有的偃如⑪老妪负水⑫,有的挺如壮士托天,不一而足。圣母殿前的左扭柏,拔地而起,直冲云霄,它的树皮上的纹理一齐向左边拧去,一圈一圈,丝纹不乱,像地下旋起了一股烟,又似天上垂下了一根绳。晋祠在古木的荫护⑬下,显得分外幽静、典雅。

这里的水,多、清、静、柔。在园里信步,但见这里一泓深潭⑭,那里一条小渠。桥下有河,亭中有井,路边有溪。石间细流脉脉⑮,如线如缕⑯;林中碧波闪闪,如锦如缎。这些水都来自"难老泉"⑰。泉上有亭,亭上悬挂着清代著名学者傅山写的"难老泉"三个字。这么多的水长流不息,日日夜夜发出叮叮咚咚的响声。水的清澈⑱真令人叫绝,无论//多深的水,只要光线好,游鱼碎石,历历可见。水的流势都不大,清清的微波,将长长的草蔓拉成一缕缕的丝,铺在河底,挂在岸边,合着那些金鱼、青苔以及石栏的倒影,织成一条条大飘带,穿亭绕榭,冉冉不绝。当年李白来到这里,曾赞叹说:"晋祠流水如碧玉。"当你沿着流水去观赏那亭台楼阁时,也许会这样问:这几百间建筑怕都是在水上漂着的吧!

节选自梁衡《晋祠》

读音提示

① 晋祠 Jìncí
② 径幽香远 jìngyōu-xiāngyuǎn
③ 拾级 shèjí
④ 苍劲 cāngjìng
⑤ 周柏 zhōubǎi
⑥ 劲直 jìngzhí
⑦ 皱裂 zhòuliè
⑧ 偃卧 yǎnwò
⑨ 虬枝盘屈 qiúzhī pánqū
⑩ 槐柳 huái liǔ
⑪ 偃如 yǎn rú
⑫ 老妪负水 lǎoyù fù shuǐ
⑬ 荫护 yìnhù
⑭ 一泓深潭 yì hóng shēntán
⑮ 细流脉脉 xìliú mòmò
⑯ 如线如缕 rú xiàn rú lǚ
⑰ 难老泉 Nánlǎoquán
⑱ 清澈 qīngchè

作品 19 号

人们常常把人与自然对立起来,宣称①要征服自然。殊不知②在大自然面前,人类永远只是一个天真幼稚的孩童,只是大自然机体上普通的一部分,正像一株小草只是她的普通一部分一样。如果说自然的智慧是大海,那么,人类的智慧就只是大海中的一个小水滴,虽然这个水滴也能映照大海,但毕竟不是大海,可是,人们竟然不自量力③地宣称要用这滴水来代替大海。

看着人类这种狂妄④的表现,大自然一定会窃笑⑤——就像母亲面对无知的孩子那样的笑。人类的作品飞上了太空,打开了一个个微观世界,于是人类沾沾自喜⑥,以为揭开了大自然的秘密。可是,在自然看来,人类上下翻飞⑦的这片巨大空间,不过是咫尺之间⑧而已,就如同鲲鹏⑨看待斥鷃⑩一般,只是蓬蒿⑪之间罢了。即使⑫从人类自身智慧发展史的角度看,人类也没有理由过分自傲:人类的知识与其祖先⑬相比诚然⑭有了极大的进步,似乎有嘲笑古人的资本;可是,殊不知对于后人而言我们也是古人,一万年以后的人们也同样会嘲笑今天的我们,也许在他们看来,我们的科学观念⑮还幼稚得很,我们的航天器⑯在他们眼中不过是个非常简单的//儿童玩具。

节选自严春友《敬畏自然》

读音提示

①宣称 xuānchēng
②殊不知 shūbùzhī
③不自量力 búzìliànglì
④狂妄 kuángwàng
⑤窃笑 qièxiào
⑥沾沾自喜 zhānzhān-zìxǐ
⑦上下翻飞 shàngxià fānfēi
⑧咫尺之间 zhǐchǐ zhījiān
⑨鲲鹏 kūnpéng
⑩斥鷃 chìyàn
⑪蓬蒿 pénghāo
⑫即使 jíshǐ
⑬祖先 zǔxiān
⑭诚然 chéngrán
⑮观念 guānniàn
⑯航天器 hángtiānqì

作品 20 号

舞台上的幕布拉开了,音乐奏起来了。演员们踩着音乐的拍子,以庄重而有节奏的步法走到灯光前面来了。灯光射在他们五颜六色的服装和头饰上,一片金碧辉煌的彩霞。

当女主角①穆桂英以轻盈②而矫健的步子出场的时候,这个平静的海面陡然③动荡起来了,它上面卷起了一阵暴风雨;观众像触了电似的④迅即⑤对这位女英雄⑥报以雷鸣般的掌声。她开始唱了。她圆润⑦的歌喉在夜空中颤动,听起来辽远而又切近⑧,柔和而又铿锵⑨。戏词像珠子似的从她的一笑一颦⑩中,从她优雅的"水袖"中,从她婀娜⑪的身段中,一粒一粒地滚下来,滴在地上,溅到空中,落进每一个人的心里,引起一片深远的回音。这回音听不见,却淹没⑫了刚才涌起的那一阵热烈的掌声。

观众像着了魔一样,忽然变得鸦雀无声。他们看得入了神。他们的感情和舞台上女主角的感情融在了一起。女主角的歌舞渐渐进入高潮。观众的情感也渐渐进入高潮。潮在涨⑬。没有谁能控制住它。这个一度平静下来的人海忽然又动荡起来了。戏就在这时候要到达顶点。我们的女主角在这时候就像一朵盛开的鲜花,观众想把这朵鲜花捧在手里,不让//它消逝。他们不约而同地从座位上立起来,像潮水一样,涌到我们这位艺术家面前。舞台已经失去了界限,整个的剧场成了一个庞大的舞台。

我们这位艺术家是谁呢?他就是梅兰芳同志。半个世纪的舞台生涯过去了,六十六岁的高龄,仍然能创造出这样富有朝气的美丽形象,表现出这样充沛的青春活力,这不能不说是奇迹。这奇迹的产生是必然的,因为我们拥有这样热情的观众和这样热情的艺术家。

节选自叶君健《看戏》

读音提示

①女主角 nǚzhǔjué
②轻盈 qīngyíng
③陡然 dǒurán
④似的 shìde
⑤迅即 xùnjí
⑥女英雄 nǚyīngxióng
⑦圆润 yuánrùn
⑧切近 qièjìn
⑨铿锵 kēngqiāng
⑩一笑一颦 yí xiào yì pín
⑪婀娜 ēnuó
⑫淹没 yānmò
⑬涨 zhǎng

作品 21 号

十年,在历史上不过是一瞬间①。只要稍加注意,人们就会发现:在这一瞬间里,各种事物都悄悄经历了自己的千变万化。

这次重新访日,我处处感到亲切和熟悉②,也在许多方面发觉了日本的变化。就拿奈良③的一个角落来说吧,我重游了为之④感受很深的唐招提寺⑤,在寺内各处匆匆走了一遍,庭院依旧,但意想不到还看到了一些新的东西⑥。其中之一,就是近几年从中国移植来的"友谊⑦之莲"。

在存放鉴真⑧遗像的那个院子里,几株中国莲昂然⑨挺立,翠绿的宽大荷叶正迎风而舞,显得十分愉快。开花的季节已过,荷花朵朵已变为莲蓬累累⑩。莲子⑪的颜色正在由青转紫,看来已经成熟⑫了。

我禁不住想:"因"已转化为"果"。

中国的莲花开在日本,日本的樱花开在中国,这不是偶然。我希望这样一种盛况延续不衰。

在这些日子里,我看到了不少多年不见的老朋友,又结识了一些新朋友。大家喜欢涉及的话题之一,就是古长安和古奈良。那还用得着问吗,朋友们缅怀⑬过去,正是瞩望⑭未来。瞩目于未来的人们必将获得未来。

我不例外,也希望一个美好的未来。

为了中日人民之间的友谊,我将不会浪费今后生命的每一瞬间。//

节选自严文井《莲花和樱花》

读音提示

①瞬间 shùnjiān
②熟悉 shú·xī
③奈良 Nàiliáng
④为之 wèi zhī
⑤唐招提寺 Táng Zhāotí Sì
⑥东西 dōngxi
⑦友谊 yǒuyì
⑧鉴真 Jiànzhēn
⑨昂然 ángrán
⑩莲蓬累累 liánpeng léiléi
⑪莲子 liánzǐ
⑫成熟 chéngshú
⑬缅怀 miǎnhuái
⑭瞩望 zhǔwàng

作品 22 号

我打猎归来,沿着花园的林阴路走着。狗跑在我前边。

突然,狗放慢脚步,蹑足潜行①,好像嗅到了前边有什么野物。

我顺着林阴路望去,看见了一只嘴边还带黄色、头上生着柔毛的小麻雀。风猛烈地吹打着林阴路上的白桦树②,麻雀从巢里跌落③下来,呆呆地伏在地上,孤立无援地张开两只羽毛还未丰满的小翅膀④。

我的狗慢慢向它靠近。忽然,从附近⑤一棵树上飞下一只黑胸脯⑥的老麻雀,像一颗石子似的⑦落到狗的跟前。老麻雀全身倒竖⑧着羽毛,惊恐万状,发出绝望、凄惨的叫声,接着向露出⑨牙齿、大张着的狗嘴扑去。

老麻雀是猛扑下来救护幼雀的。它用身体掩护着自己的幼儿……但它整个小小的身体因恐怖而战栗⑩着,它小小的声音也变得粗暴嘶哑⑪,它在牺牲⑫自己!

在它看来,狗该是多么庞大的怪物⑬啊!然而,它还是不能站在自己高高的、安全的树枝上……一种比它的理智更强烈的力量,使它从那儿扑下身来。

我的狗站住了,向后退了退……看来,它也感到了这种力量。

我赶紧唤住惊慌失措⑭的狗,然后我怀着崇敬的心情,走开了。

是啊,请不要见笑。我崇敬那只小小的、英勇的鸟儿⑮,我崇敬它那种爱的冲动⑯和力量。

爱,我//想,比死和死的恐惧更强大。只有依靠它,依靠这种爱,生命才能维持下去,发展下去。

节选自[俄]屠格涅夫《麻雀》,巴金译

读音提示

①蹑足潜行 nièzú-qiánxíng

②白桦树 báihuàshù

③跌落 diēluò

④翅膀 chìbǎng

⑤附近 fùjìn

⑥胸脯 xiōngpú

⑦似的 shìde

⑧倒竖 dàoshù

⑨露出 lòuchū

⑩战栗 zhànlì

⑪嘶哑 sīyǎ

⑫牺牲 xīshēng

⑬怪物 guàiwu

⑭惊慌失措 jīnghuāng-shīcuò

⑮鸟儿 niǎo'ér

⑯冲动 chōngdòng

作品 23 号

作品 23 号

在浩瀚无垠①的沙漠里,有一片美丽的绿洲,绿洲里藏着一颗闪光的珍珠。这颗珍珠就是敦煌莫高窟②。它坐落在我国甘肃省敦煌市三危山和鸣沙山③的怀抱中。

鸣沙山东麓④是平均高度为十七米的崖壁。在一千六百多米长的崖壁上,凿有大小洞窟七百余个,形成了规模宏伟的石窟群。其中四百九十二个洞窟中,共有彩色塑像⑤两千一百余尊,各种壁画共四万五千多平方米。莫高窟是我国古代无数艺术匠师留给人类的珍贵文化遗产。

莫高窟的彩塑,每一尊都是一件精美的艺术品。最大的有九层楼那么高,最小的还不如一个手掌大。这些彩塑个性鲜明,神态各异。有慈眉善目的菩萨⑥,有威风凛凛⑦的天王,还有强壮勇猛的力士……

莫高窟壁画的内容丰富多彩,有的是描绘古代劳动人民打猎、捕鱼、耕田、收割的情景,有的是描绘人们奏乐、舞蹈、演杂技的场面,还有的是描绘大自然的美丽风光。其中最引人注目的是飞天。壁画上的飞天,有的臂挎⑧花篮,采摘鲜花;有的反弹琵琶⑨,轻拨银弦⑩;有的倒悬身子⑪,自天而降;有的彩带飘拂⑫,漫天遨游⑬;有的舒展着双臂,翩翩起舞⑭。看着这些精美动人的壁画,就像走进了//灿烂辉煌的艺术殿堂。

莫高窟里还有一个面积不大的洞窟——藏经洞。洞里曾藏有我国古代的各种经卷、文书、帛画、刺绣、铜像等共六万多件。由于清朝政府腐败无能,大量珍贵的文物被外国强盗掠走。仅存的部分经卷,现在陈列于北京故宫等处。

莫高窟是举世闻名的艺术宝库。这里的每一尊彩塑、每一幅壁画、每一件文物,都是中国古代人民智慧的结晶。

节选自《莫高窟》

读音提示

①浩瀚无垠 hàohàn wúyín
②敦煌莫高窟 Dūnhuáng Mògāokū
③鸣沙山 Míngshā Shān
④东麓 dōnglù
⑤彩色塑像 cǎisè sùxiàng
⑥菩萨 pú·sà
⑦威风凛凛 wēifēng-lǐnlǐn
⑧挎 kuà
⑨琵琶 pí·pá
⑩轻拨银弦 qīng bō yínxián
⑪倒悬身子 dào xuán shēnzi
⑫飘拂 piāofú
⑬漫天遨游 màntiān áoyóu
⑭翩翩起舞 piānpiān-qǐwǔ

作品 24 号

森林涵养①水源,保持水土,防止水旱灾害的作用非常大。据专家测算,一片十万亩面积的森林,相当于一个两百万立方米的水库,这正如农谚②所说的:"山上多栽树,等于修水库。雨多它能吞,雨少它能吐。"

说起森林的功劳,那还多得很。它除了为人类提供③木材及许多种生产、生活的原料之外,在维护生态环境方面也是功劳卓著,它用另一种"能吞能吐"④的特殊功能孕育⑤了人类。因为⑥地球在形成之初,大气中的二氧化碳含量很高,氧气很少,气温也高,生物是难以生存的。大约在四亿年之前,陆地才产生了森林。森林慢慢将大气中的二氧化碳吸收,同时吐出新鲜氧气,调节气温;这才具备了人类生存的条件,地球上才最终有了人类。

森林,是地球生态系统的主体,是大自然的总调度室⑦,是地球的绿色之肺。森林维护地球生态环境的这种"能吞能吐"的特殊功能是其他任何物体都不能取代的。然而,由于地球上的燃烧物增多,二氧化碳的排放量急剧增加,使得地球生态环境急剧恶化,主要表现为全球气候变暖,水分蒸发加快,改变了气流的循环,使气候变化加剧,从而引发热浪、飓风⑧、暴雨、洪涝⑨及干旱⑩。

为了//使地球的这个"能吞能吐"的绿色之肺恢复健壮,以改善生态环境,抑制全球变暖,减少水旱等自然灾害,我们应该大力造林、护林,使每一座荒山都绿起来。

节选自《"能吞能吐"的森林》

读音提示

①涵养 hányǎng

②农谚 nóngyàn

③提供 tígōng

④能吞能吐 néngtūn-néngtǔ

⑤孕育 yùnyù

⑥因为 yīn·wèi

⑦调度室 diàodùshì

⑧飓风 jùfēng

⑨洪涝 hónglào

⑩干旱 gānhàn

作品 25 号

作品 25 号

　　中国没有人不爱荷花的。可我们楼前池塘中独独缺少荷花。每次看到或想到，总觉得是一块心病。有人从湖北来，带来了洪湖①的几颗莲子②，外壳呈黑色，极硬。据说，如果埋在淤泥③中，能够千年不烂。我用铁锤在莲子上砸开了一条缝④，让莲芽⑤能够破壳而出，不至永远埋在泥中。把五六颗敲破的莲子投入池塘中，下面就是听天由命了。

　　这样一来，我每天就多了一件工作：到池塘边上去看上几次。心里总是希望，忽然有一天，"小荷才露尖尖角"，有翠绿⑥的莲叶长出水面。可是，事与愿违⑦，投下去的第一年，一直到秋凉落叶，水面上也没有出现什么东西⑧。但是到了第三年，却忽然出了奇迹。有一天，我忽然发现，在我投莲子的地方⑨长出了几个圆圆的绿叶，虽然颜色极惹人喜爱，但是却细弱单薄⑩，可怜兮兮⑪地平卧在水面上，像水浮莲⑫的叶子一样。

　　真正的奇迹出现在第四年上。到了一般荷花长叶的时候，在去年飘浮⑬着五六个叶片的地方，一夜之间，突然长出了一大片绿叶，叶片扩张的速度，范围的扩大，都是惊人地快。几天之内，池塘内不小一部分⑭，已经全为绿叶所覆盖。而且原来平卧在水面上的像是水浮莲一样的//叶片，不知道是从哪里聚集来了力量，有一些竟然跃出了水面，长成了亭亭的荷叶。这样一来，我心中的疑云一扫而光：池塘中生长的真正是洪湖莲花的子孙了。我心中狂喜，这几年总算是没有白等。

节选自季羡林《清塘荷韵》

读音提示

①洪湖 Hóng Hú
②莲子 liánzǐ
③淤泥 yūní
④一条缝 yì tiáo fèngr
⑤莲芽 liányár
⑥翠绿 cuìlǜ
⑦事与愿违 shìyǔyuànwéi

⑧东西 dōngxi
⑨地方 dìfɑng
⑩单薄 dānbó
⑪可怜兮兮 kěliánxīxī
⑫水浮莲 shuǐfúlián
⑬飘浮 piāofú
⑭部分 bùfen

作品 26 号

在原始社会里,文字还没有创造出来,却先有了歌谣①一类的东西②。这也就是文艺。

文字创造出来以后,人就用它把所见所闻所想所感的一切记录下来。一首歌谣,不但口头唱,还要刻呀,漆呀,把它保留在什么东西上。这样,文艺和文字就并了家。

后来纸和笔普遍地使用了,而且发明了印刷术③。凡是需要记录下来的东西,要多少份就可以有多少份。于是所谓文艺,从外表说,就是一篇稿子,一部书,就是许多文字的集合体④。

文字是一道桥梁⑤,通过了这一道桥梁,读者才和作者会面。不但会面,并且了解作者的心情,和作者的心情相契合⑥。

就作者的方面说,文艺的创作决不是随便取许多文字来集合在一起。作者着手⑦创作,必然对于人生先有所见,先有所感。他把这些所见所感写出来,不作抽象的分析,而作具体的描写,不作刻板的记载⑧,而作想象的安排。他准备写的不是普通的论说文、记叙文;他准备写的是文艺。他动手写,不但选择那些最适当⑨的文字,让它们集合起来,还要审查那些写下来的文字,看有没有应当修改或是增减⑩的。总之,作者想做到的是:写下来的文字正好传达出他的所见所感。

就读者的//方面说,读者看到的是写在纸面或者印在纸面的文字,但是看到文字并不是他们的目的。他们要通过文字去接触作者的所见所感。

节选自叶圣陶《驱遣我们的想象》

读音提示

①歌谣 gēyáo

②东西 dōngxi

③印刷术 yìnshuāshù

④集合体 jíhétǐ

⑤桥梁 qiáoliáng

⑥契合 qìhé

⑦着手 zhuóshǒu

⑧记载 jìzǎi

⑨适当 shìdàng

⑩增减 zēngjiǎn

作品 27 号

语言,也就是说话,好像是极其稀松平常①的事儿。可是仔细想想,实在是一件了不起的大事。正是因为②说话跟吃饭、走路一样的平常,人们才不去想它究竟是怎么回事儿。其实这三件事儿都是极不平常的,都是使人类不同于别的动物的特征③。

记得在小学里读书的时候,班上有一位"能文"的大师兄,在一篇作文的开头写下这么两句:"鹦鹉④能言,不离于禽⑤;猩猩⑥能言,不离于兽⑦。"我们看了都非常佩服⑧。后来知道这两句是有来历的,只是字句有些出入。又过了若干年,才知道这两句话都有问题。鹦鹉能学人说话,可只是作为现成的公式来说,不会加以变化。只有人们说话是从具体情况出发,情况一变,话也跟着变。

西方学者拿黑猩猩做实验,它们能学会极其有限的一点儿符号⑨语言,可是学不会把它变成有声语言。人类语言之所以能够"随机应变"⑩,在于一方面能把语音分析成若干音素,又把这些音素⑪组合成音节,再把音节连缀⑫起来。另一方面,又能分析外界事物及其变化,形成无数的"意念"⑬,一一配以语音,然后综合运用,表达各种复杂的意思⑭。一句话,人类语言的特点就在于能用变化无穷的语音,表达变化无穷的//意义。这是任何其他动物办不到的。

节选自吕叔湘《人类的语言》

读音提示

①稀松平常 xīsōng píngcháng
②因为 yīn·wèi
③特征 tèzhēng
④鹦鹉 yīngwǔ
⑤不离于禽 bù lí yú qín
⑥猩猩 xīngxing
⑦不离于兽 bù lí yú shòu
⑧佩服 pèi·fú
⑨符号 fúhào
⑩随机应变 suíjī-yìngbiàn
⑪音素 yīnsù
⑫连缀 liánzhuì
⑬意念 yìniàn
⑭意思 yìsi

作品 28 号

父亲喜欢①下象棋。那一年,我大学回家度假,父亲教我下棋。

我们俩摆好棋,父亲让我先走三步,可不到三分钟,三下五除二,我的兵将损失大半,棋盘上空荡荡的,只剩下老帅、士和一车两卒②在孤军奋战。我还不肯罢休,可是已无力回天,眼睁睁③看着父亲"将军"④,我输了。

我不服气,摆棋再下。几次交锋,基本上都是不到十分钟我就败下阵来。我不禁⑤有些泄气。父亲对我说:"你初学下棋,输是正常的。但是你要知道输在什么地方⑥;否则,你就是再下上十年,也还是输。"

"我知道,输在棋艺上。我技术上不如你,没经验。"

"这只是次要因素,不是最重要的。"

"那最重要的是什么?"我奇怪地问。

"最重要的是你的心态不对。你不珍惜你的棋子⑦。"

"怎么不珍惜呀?我每走一步,都想半天。"我不服气地说。

"那是后来,开始你是这样吗?我给你计算过,你三分之二的棋子是在前三分之一的时间内丢失的。这期间你走棋不假思索⑧,拿起来就走,失了也不觉得可惜。因为⑨你觉得棋子很多,失一两个不算什么。"

我看看父亲,不好意思⑩地低下头。"后三分之二的时间,你又犯了相反的错误:对棋子过于珍惜,每走一步,都思前想后,患得患失,一个棋也不想失,//结果一个一个都失去了。"

节选自林夕《人生如下棋》

读音提示

①喜欢 xǐhuan
②一车两卒 yì jū liǎng zú
③眼睁睁 yǎnzhēngzhēng
④将军 jiāngjūn
⑤不禁 bùjīn

⑥地方 dìfang
⑦棋子 qízǐ
⑧不假思索 bùjiǎ-sīsuǒ
⑨因为 yīn·wèi
⑩不好意思 bù hǎoyìsi

作品 29 号

仲夏①,朋友相邀游十渡。在城里住久了,一旦进入山水之间,竟有一种生命复苏的快感。

下车后,我们舍弃了大路,挑选了一条半隐半现在庄稼地②里的小径,弯弯绕绕地来到了十渡渡口。夕阳下的拒马河慷慨地撒出一片散金碎玉③,对我们表示欢迎。

岸边山崖上刀斧痕④犹存的崎岖⑤小道,高低凸凹⑥,虽没有"难于上青天"的险恶,却也有踏空了滚到拒马河洗澡的风险。狭窄处⑦只能手扶岩石贴壁而行。当"东坡草堂"几个红漆大字赫然⑧出现在前方岩壁时,一座镶嵌⑨在岩崖间⑩的石砌茅草屋同时跃进眼底。草屋被几级石梯托得高高的,屋下俯瞰⑪着一湾河水,屋前顺山势辟出⑫了一片空地,算是院落吧!右侧有一小小的蘑菇形⑬的凉亭,内设石桌石凳,亭顶褐黄色⑭的茅草像流苏般向下垂泻,把现实和童话串成了一体。草屋的构思者最精彩的一笔,是设在院落边沿的柴门和篱笆⑮,走近这儿,便有了"花径不曾缘客扫,蓬门今始为君开"的意思。

当我们重登凉亭时,远处的蝙蝠山⑯已在夜色下化为剪影,好像就要展翅扑来。拒马河趁人们看不清它的容貌时豁开⑰了嗓门儿⑱韵味十足地唱呢!偶有不安分的小鱼儿和青蛙蹦跳//成声,像是为了强化这夜曲的节奏。此时,只觉世间唯有水声和我,就连偶尔从远处赶来歇脚的晚风,也悄无声息。

当我渐渐被夜的凝重与深邃所融蚀,一缕新的思绪涌动时,对岸沙滩上燃起了篝火,那鲜亮的火光,使夜色有了躁动感。篝火四周,人影绰约,如歌似舞。朋友说,那是北京的大学生们,结伴来这儿度周末的。遥望那明灭无定的火光,想象着篝火映照的青春年华,也是一种意想不到的乐趣。

节选自刘延《十渡游趣》

读音提示

① 仲夏 zhòngxià
② 庄稼地 zhuāngjiadì
③ 散金碎玉 sǎnjīn-suìyù
④ 刀斧痕 dāofǔhén
⑤ 崎岖 qíqū
⑥ 凸凹 tū'āo
⑦ 狭窄处 xiázhǎichù
⑧ 赫然 hèrán
⑨ 镶嵌 xiāngqiàn
⑩ 岩崖间 yányá jiān
⑪ 俯瞰 fǔkàn
⑫ 辟出 pìchū
⑬ 蘑菇形 móguxíng
⑭ 褐黄色 hèhuángsè
⑮ 篱笆 líba
⑯ 蝙蝠山 Biānfú Shān
⑰ 豁开 huōkāi
⑱ 嗓门儿 sǎngménr

作品30号

在闽西南①和粤东北的崇山峻岭②中，点缀③着数以千计的圆形围屋或土楼，这就是被誉为"世界民居奇葩④"的客家民居。

客家人是古代从中原繁盛的地区迁到南方的。他们的居住地大多在偏僻⑤、边远的山区，为了防备盗匪的骚扰⑥和当地人的排挤，便建造了营垒式住宅，在土中掺⑦石灰，用糯米饭、鸡蛋清作黏合剂⑧，以竹片、木条作筋骨，夯筑⑨起墙厚一米，高十五米以上的土楼。它们大多为三至六层楼，一百至二百多间房屋如橘瓣状⑩排列，布局均匀，宏伟壮观。大部分土楼有两三百年甚至五六百年的历史，经受无数次地震撼动、风雨侵蚀⑪以及炮火攻击而安然无恙⑫，显示了传统建筑文化的魅力。

客家先民崇尚圆形，认为圆是吉祥、幸福和安宁的象征。土楼围成圆形的房屋均按八卦布局排列，卦与卦之间设有防火墙⑬，整齐划一。

客家人在治家、处事⑭、待人、立身等方面，无不体现出明显的文化特征。比如，许多房屋大门上刻着这样的正楷对联："承前祖德勤和俭，启后子孙读与耕"，表现了先辈希望子孙和睦相处⑮、勤俭持家的愿望。楼内房间大小一模一样⑯，他们不分贫富、贵贱，每户人家平等地分到底层至高层各//一间房。各层房屋的用途惊人地统一，底层是厨房兼饭堂，二层当贮仓，三层以上作卧室，两三百人聚居一楼，秩序井然，毫不混乱。土楼内所保留的民俗文化，让人感受到中华传统文化的深厚久远。

节选自张宇生《世界民居奇葩》

读音提示

①闽西南 Mǐnxīnán
②崇山峻岭 chóngshān-jùnlǐng
③点缀 diǎnzhuì
④奇葩 qípā
⑤偏僻 piānpì
⑥骚扰 sāorǎo
⑦掺 chān
⑧黏合剂 niánhéjì
⑨夯筑 hāngzhù
⑩橘瓣状 júbànzhuàng
⑪侵蚀 qīnshí
⑫安然无恙 ānrán-wúyàng
⑬防火墙 fánghuǒqiáng
⑭处事 chǔshì
⑮和睦相处 hémù xiāngchǔ
⑯一模一样 yìmú-yíyàng

作品 31 号

我国的建筑,从古代的宫殿到近代的一般住房,绝大部分①是对称②的,左边怎么样,右边也怎么样。苏州园林可绝不讲究对称,好像故意避免似的③。东边有了一个亭子或者一道回廊,西边决不会来一个同样的亭子或者一道同样的回廊。这是为什么?我想,用图画来比方④,对称的建筑是图案画,不是美术画,而园林是美术画,美术画要求自然之趣,是不讲究对称的。

苏州园林里都有假山和池沼⑤。

假山的堆叠,可以说是一项艺术而不仅是技术。或者是重峦叠嶂⑥,或者是几座小山配合着竹子花木,全在乎设计者和匠师们生平多阅历,胸中有丘壑⑦,才能使游览者攀登的时候忘却苏州城市,只觉得身在山间。

至于池沼,大多引用活水。有些园林池沼宽敞,就把池沼作为全园的中心,其他景物配合着布置。水面假如成河道模样⑧,往往安排桥梁。假如安排两座以上的桥梁,那就一座一个样,决不雷同。

池沼或河道的边沿⑨很少砌齐整的石岸,总是高低屈曲⑩任其自然。还在那儿布置几块玲珑⑪的石头⑫,或者种些花草。这也是为了取得从各个角度看都成一幅画⑬的效果。池沼里养着金鱼或各色鲤鱼,夏秋季节荷花或睡莲//开放,游览者看"鱼戏莲叶间",又是入画的一景。

节选自叶圣陶《苏州园林》

读音提示

①部分 bùfen
②对称 duìchèn
③似的 shìde
④比方 bǐfang
⑤池沼 chízhǎo
⑥重峦叠嶂 chóngluán-diézhàng
⑦丘壑 qiūhè
⑧模样 múyàng
⑨边沿 biānyán
⑩屈曲 qūqū
⑪玲珑 línglóng
⑫石头 shítou
⑬一幅画 yì fú huà

作品 32 号

泰山极顶看日出,历来被描绘成十分壮观的奇景。有人说:登泰山而看不到日出,就像一出大戏没有戏眼,味儿①终究有点②寡淡。

我去爬山那天,正赶上个难得的好天,万里长空,云彩丝儿③都不见。素常烟雾腾腾的山头,显得眉目分明。同伴们都欣喜地说:"明天早晨准可以看见日出了。"我也是抱着这种想头④,爬上山去。

一路从山脚往上爬,细看山景,我觉得挂在眼前的不是五岳独尊的泰山,却像一幅⑤规模惊人的青绿山水画,从下面倒展开来。在画卷中最先露出⑥的是山根⑦底那座明朝建筑岱宗坊⑧,慢慢地便现出王母池、斗母宫⑨、经石峪⑩。山是一层比一层深,一叠比一叠奇,层层叠叠,不知还会有多深多奇。万山丛中,时而点染着极其工细的人物。王母池旁的吕祖殿⑪里有不少尊明塑,塑着吕洞宾等一些人,姿态神情是那样有生气,你看了,不禁⑫会脱口赞叹说:"活啦。"

画卷继续展开,绿阴森森⑬的柏洞⑭露面⑮不太久,便来到对松山。两面奇峰对峙⑯着,满山峰都是奇形怪状的老松,年纪怕都有上千岁了,颜色竟那么浓,浓得好像要流下来似的。来到这儿,你不妨权当⑰一次画里的写意人物,坐在路旁的对松亭里,看看山色,听听流//水和松涛。

一时间,我又觉得自己不仅是在看画卷,却又像是在零零乱乱翻着一卷历史稿本。

节选自杨朔《泰山极顶》

读音提示

①味儿 wèir
②有点 yǒu diǎnr
③云彩丝儿 yúncaisīr
④想头 xiǎngtou
⑤一幅 yì fú
⑥露出 lòuchū
⑦山根 shāngēnr
⑧岱宗坊 Dàizōngfāng
⑨斗母宫 Dǒumǔgōng
⑩经石峪 Jīngshíyù
⑪吕祖殿 Lǚzǔdiàn
⑫不禁 bùjīn
⑬绿阴森森 lǜyīn sēnsēn
⑭柏洞 Bǎidòng
⑮露面 lòumiàn
⑯对峙 duìzhì
⑰权当 quán dàng

作品 33 号

在太空的黑幕上,地球就像站在宇宙舞台中央那位最美的大明星,浑身散发①出夺人心魄的、彩色的、明亮的光芒,她披着浅蓝色的纱裙和白色的飘带,如同天上的仙女缓缓飞行。

地理知识告诉我,地球上大部分地区覆盖着海洋,我果然看到了大片蔚蓝色的海水,浩瀚②的海洋骄傲地披露③着广阔壮观的全貌,我还看到了黄绿相间④的陆地,连绵⑤的山脉纵横其间⑥;我看到我们平时所说的天空,大气层中飘浮⑦着片片雪白的云彩⑧,那么轻柔,那么曼妙,在阳光普照下,仿佛⑨贴在地面上一样。海洋、陆地、白云,它们呈现在飞船下面,缓缓驶来,又缓缓离去。

我知道自己还是在轨道上飞行,并没有完全脱离地球的怀抱,冲向宇宙的深处⑩,然而这也足以让我震撼了,我并不能看清宇宙中众多的星球⑪,因为⑫实际上它们离我们的距离非常遥远,很多都是以光年计算。正因为如此,我觉得宇宙的广袤⑬真实地摆在我的眼前,即便⑭作为中华民族第一个飞天的人我已经跑到离地球表面四百公里的空间,可以称为太空人了,但是实际上在浩瀚的宇宙面前,我仅像一粒尘埃。

虽然独自在太空飞行,但我想到了此刻千万//中国人翘首以待,我不是一个人在飞,我是代表所有中国人,甚至人类来到了太空。我看到的一切证明了中国航天技术的成功,我认为我的心情一定要表达一下,就拿出太空笔,在工作日志背面写了一句话:"为了人类的和平与进步,中国人来到太空了。"以此来表达一个中国人的骄傲和自豪。

节选自杨利伟《天地九重》

读音提示

①散发 sànfā

②浩瀚 hàohàn

③披露 pīlù

④黄绿相间 huáng-lǜ xiāngjiàn

⑤连绵 liánmián

⑥纵横其间 zònghéng qíjiān

⑦飘浮 piāofú

⑧云彩 yúncai

⑨仿佛 fǎngfú

⑩深处 shēnchù

⑪星球 xīngqiú

⑫因为 yīn·wèi

⑬广袤 guǎngmào

⑭即便 jíbiàn

作品 34 号

最使我难忘的,是我小学时候的女教师蔡芸芝先生①。

现在回想起来,她那时有十八九岁。右嘴角边有榆钱大小一块②黑痣③。在我的记忆里,她是一个温柔和美丽的人。

她从来不打骂我们。仅仅有一次,她的教鞭好像要落下来,我用石板一迎,教鞭轻轻地敲在石板边上,大伙④笑了,她也笑了。我用儿童的狡猾的眼光察觉,她爱我们,并没有存心要打的意思⑤。孩子们是多么善于观察这一点啊。

在课外的时候,她教我们跳舞,我现在还记得她把我扮成女孩子表演跳舞的情景。

在假日里,她把我们带到她的家里和女朋友的家里。在她的女朋友的园子里,她还让我们观察蜜蜂;也是在那时候,我认识了蜂王,并且平生第一次吃了蜂蜜。

她爱诗,并且爱用歌唱的音调教我们读诗。直到现在我还记得她读诗的音调,还能背诵她教我们的诗:

圆天盖着大海,

黑水托着孤舟,

远看不见山,

那天边只有云头,

也看不见树,

那水上只有海鸥……

今天想来,她对我的接近文学和爱好文学,是有着多么有益的影响!

像这样的教师,我们怎么会不喜欢她,怎么会不愿意和她亲近呢?我们见了她不由得就围上去。即使⑥她写字的时候,我//们也默默地看着她,连她握铅笔的姿势都急于模仿。

节选自魏巍《我的老师》

读音提示

①先生 xiānsheng

②一块 yí kuàir

③黑痣 hēizhì

④大伙 dàhuǒr

⑤意思 yìsi

⑥即使 jíshǐ

作品 35 号

我喜欢①出发。

凡是到达了的地方②,都属于昨天。哪怕那山再青,那水再秀,那风再温柔。太深的流连③便成了一种羁绊④,绊住的不仅有双脚,还有未来。

怎么能不喜欢出发呢?没见过大山的巍峨⑤,真是遗憾;见了大山的巍峨没见过大海的浩瀚⑥,仍然⑦遗憾;见了大海的浩瀚没见过大漠的广袤,依旧遗憾;见了大漠的广袤⑧没见过森林的神秘,还是遗憾。世界上有不绝的风景,我有不老的心情。

我自然知道,大山有坎坷⑨,大海有浪涛,大漠有风沙,森林有猛兽。即便⑩这样,我依然喜欢。

打破生活的平静便是另一番景致,一种属于年轻的景致。真庆幸⑪,我还没有老。即便真老了又怎么样,不是有句话叫老当益壮吗?

于是,我还想从大山那里学习深刻,我还想从大海那里学习勇敢,我还想从大漠那里学习沉着⑫,我还想从森林那里学习机敏。我想学着品味一种缤纷⑬的人生。

人能走多远?这话不是要问两脚而是要问志向。人能攀多高?这事不是要问双手而是要问意志。于是,我想用青春的热血⑭给自己树起一个高远的目标。不仅是为了争取一种光荣,更是为了追求一种境界。目标实现了,便是光荣;目标实现不了,人生也会因//这一路风雨跋涉变得丰富而充实;在我看来,这就是不虚此生。

是的,我喜欢出发,愿你也喜欢。

节选自汪国真《我喜欢出发》

读音提示

① 喜欢 xǐhuan
② 地方 dìfang
③ 流连 liúlián
④ 羁绊 jībàn
⑤ 巍峨 wēi'é
⑥ 浩瀚 hàohàn
⑦ 仍然 réngrán
⑧ 广袤 guǎngmào
⑨ 坎坷 kǎnkě
⑩ 即便 jíbiàn
⑪ 庆幸 qìngxìng
⑫ 沉着 chénzhuó
⑬ 缤纷 bīnfēn
⑭ 热血 rèxuè

作品 36 号

乡下①人家②总爱在屋前搭一瓜架,或种南瓜,或种丝瓜,让那些瓜藤③攀上棚架④,爬上屋檐⑤。当花儿落了的时候,藤上便结⑥出了青的、红的瓜,它们一个个挂在房前,衬着那长长的藤,绿绿的叶。青、红的瓜,碧绿的藤和叶,构成了一道别有风趣的装饰⑦,比那高楼门前蹲着一对石狮子或是竖着两根大旗杆,可爱多了。

有些人家,还在门前的场地上种几株花,芍药⑧,凤仙,鸡冠花,大丽菊,它们依着时令,顺序开放,朴素中带着几分华丽,显出一派独特的农家风光。还有些人家,在屋后种几十枝竹,绿的叶,青的竿,投下一片浓浓的绿荫⑨。几场春雨过后,到那里走走,你常常会看见许多鲜嫩⑩的笋,成群地从土里探出头来。

鸡,乡下人家照例总要养几只的。从他们的房前屋后走过,你肯定会瞧见一只母鸡,率领一群小鸡,在竹林中觅食⑪;或是瞧见耸着尾巴⑫的雄鸡⑬,在场地上大踏步地走来走去。

他们的屋后倘若⑭有一条小河,那么在石桥旁边,在绿树荫下,你会见到一群鸭子游戏水中,不时地把头扎到水下去觅食。即使附近的石头上有妇女在捣衣⑮,它们也从不吃惊。

若是在夏天的傍晚出去散步,你常常会瞧见乡下人家吃晚饭//的情景。他们把桌椅饭菜搬到门前,天高地阔地吃起来。天边的红霞,向晚的微风,头上飞过的归巢的鸟儿,都是他们的好友。它们和乡下人家一起,绘成了一幅自然、和谐的田园风景画。

节选自陈醉云《乡下人家》

读音提示

①乡下 xiāngxia
②人家 rénjiā
③瓜藤 guāténg
④棚架 péngjià
⑤屋檐 wūyán
⑥结 jiē
⑦装饰 zhuāngshì
⑧芍药 sháoyao
⑨绿荫 lùyīn
⑩鲜嫩 xiānnèn
⑪觅食 mìshí
⑫尾巴 wěiba
⑬雄鸡 xióngjī
⑭倘若 tǎngruò
⑮捣衣 dǎoyī

作品 37 号

　　我们的船渐渐地逼近①榕树了。我有机会看清它的真面目：是一棵大树,有数不清的丫枝②,枝上又生根,有许多根一直垂到地上,伸进泥土里。一部分树枝垂到水面,从远处看,就像一棵大树斜躺在水面上一样。

　　现在正是枝繁叶茂的时节。这棵榕树好像在把它的全部生命力展示给我们看。那么多的绿叶,一簇堆在另一簇的上面,不留一点儿缝隙③。翠绿④的颜色明亮地在我们的眼前闪耀⑤,似乎每一片树叶上都有一个新的生命在颤动⑥,这美丽的南国的树!

　　船在树下泊⑦了片刻,岸上很湿,我们没有上去。朋友说这里是"鸟的天堂",有许多鸟在这棵树上做窝,农民不许人去捉它们。我仿佛听见几只鸟扑翅⑧的声音,但是等到我的眼睛⑨注意地看那里时,我却看不见一只鸟的影子。只有无数的树根立在地上,像许多根木桩。地是湿的,大概涨潮⑩时河水常常冲上岸去。"鸟的天堂"里没有一只鸟,我这样想到。船开了,一个朋友拨着船⑪,缓缓地流到河中间去。

　　第二天,我们划着船到一个朋友的家乡去,就是那个有山有塔的地方。从学校出发,我们又经过那"鸟的天堂"。

　　这一次是在早晨,阳光照在水面上,也照在树梢⑫上。一切都//显得非常光明。我们的船也在树下泊了片刻。

　　起初四周围非常清静。后来忽然起了一声鸟叫。我们把手一拍,便看见一只大鸟飞了起来,接着又看见第二只,第三只。我们继续拍掌,很快地这个树林就变得很热闹了。到处都是鸟声,到处都是鸟影。大的,小的,花的,黑的,有的站在枝上叫,有的飞起来,在扑翅膀。

节选自巴金《鸟的天堂》

读音提示

①逼近 bījìn　　　　　　　　⑦泊 bó
②丫枝 yāzhī　　　　　　　　⑧扑翅 pū chì
③缝隙 fèngxì　　　　　　　　⑨眼睛 yǎnjing
④翠绿 cuìlǜ　　　　　　　　⑩涨潮 zhǎngcháo
⑤闪耀 shǎnyào　　　　　　　⑪拨着船 bōzhe chuán
⑥颤动 chàndòng　　　　　　⑫树梢 shùshāo

作品 38 号

两百多年前,科学家做了一次实验。他们在一间屋子里横七竖八①地拉了许多绳子②,绳子上系③着许多铃铛④,然后把蝙蝠⑤的眼睛⑥蒙上⑦,让它在屋子里飞。蝙蝠飞了几个钟头,铃铛一个也没响,那么多的绳子,它一根也没碰着。

科学家又做了两次实验:一次把蝙蝠的耳朵塞上⑧,一次把蝙蝠的嘴封住,让它在屋子里飞。蝙蝠就像没头苍蝇⑨似的到处乱撞,挂在绳子上的铃铛响个不停。

三次实验的结果证明,蝙蝠夜里飞行,靠的不是眼睛,而是靠嘴和耳朵配合起来探路的。

后来,科学家经过反复研究,终于揭开了蝙蝠能在夜里飞行的秘密⑩。它一边飞,一边从嘴里发出超声波⑪。而这种声音,人的耳朵是听不见的,蝙蝠的耳朵却能听见。超声波向前传播时,遇到障碍物就反射回来,传到蝙蝠的耳朵里,它就立刻改变飞行的方向。

知道蝙蝠在夜里如何飞行,你猜到飞机夜间飞行的秘密了吗?现代飞机上安装了雷达,雷达的工作原理与蝙蝠探路类似。雷达通过天线发出无线电波,无线电波遇到障碍物就反射回来,被雷达接收到,显示在荧光屏上。从雷达的荧光屏⑫上,驾驶员能够清楚地看到前方有没有障碍物,所//以飞机飞行就更安全了。

节选自《夜间飞行的秘密》

读音提示

①横七竖八 héngqī-shùbā
②绳子 shéngzi
③系 jì
④铃铛 língdang
⑤蝙蝠 biānfú
⑥眼睛 yǎnjing
⑦蒙上 méng·shàng
⑧塞上 sāi·shàng
⑨苍蝇 cāngying
⑩秘密 mìmì
⑪超声波 chāoshēngbō
⑫荧光屏 yíngguāngpíng

作品 39 号

北宋时候,有位画家叫张择端。他画了一幅①名扬中外的画《清明上河图》。这幅画长五百二十八厘米,高二十四点八厘米,画的是北宋都城汴梁②热闹③的场面。这幅画已经有八百多年的历史了,现在还完整地保存在北京的故宫博物院里。

张择端画这幅画的时候,下了很大的功夫④。光是画上的人物,就有五百多个:有从乡下⑤来的农民,有撑船的船工,有做各种买卖⑥的生意人,有留着长胡子的道士⑦,有走江湖的医生,有摆小摊⑧的摊贩,有官吏⑨和读书人,三百六十行,哪一行的人都画在上面了。

画上的街市可热闹了。街上有挂着各种招牌⑩的店铺、作坊⑪、酒楼、茶馆⑫,走在街上的,是来来往往、形态各异的人:有的骑着马,有的挑着担,有的赶着毛驴,有的推着独轮车,有的悠闲地在街上溜达⑬。画面上的这些人,有的不到一寸,有的甚至只有黄豆那么大。别看画上的人小,每个人在干什么,都能看得清清楚楚。

最有意思的是桥北头⑭的情景:一个人骑着马,正往桥下走。因为⑮人太多,眼看就要碰上对面来的一乘轿子⑯。就在这个紧急时刻,那个牧马人一下子拽住⑰了马笼头⑱,这才没碰上那乘轿子。不过,这一来,倒把马右边的//两头小毛驴吓得又踢又跳。站在桥栏杆边欣赏风景的人,被小毛驴惊扰了,连忙回过头来赶小毛驴。你看,张择端画的画,是多么传神啊!

《清明上河图》使我们看到了八百年以前的古都风貌,看到了当时普通老百姓的生活场景。

节选自滕明道《一幅名扬中外的画》

读音提示

①一幅 yì fú
②汴梁 Biànliáng
③热闹 rènao
④功夫 gōngfu
⑤乡下 xiāngxia
⑥买卖 mǎimai
⑦道士 dàoshi
⑧小摊 xiǎotānr
⑨官吏 guānlì
⑩招牌 zhāopai
⑪作坊 zuōfang
⑫茶馆 cháguǎnr
⑬溜达 liūda
⑭桥北头 qiáo běitou
⑮因为 yīn·wèi
⑯一乘轿子 yí shèng jiàozi
⑰拽住 zhuàizhù
⑱马笼头 mǎlóngtou

作品 40 号

二〇〇〇年,中国第一个以科学家名字命名的股票"隆平①高科"上市。八年后,名誉董事长袁隆平所持有的股份以市值计算已经过亿。从此,袁隆平又多了个"首富科学家"的名号。而他身边的学生和工作人员,却很难把这位老人和"富翁"联系起来。

"他哪里有富人的样子。"袁隆平的学生们笑着议论。在学生们的印象里,袁老师永远黑黑瘦瘦,穿一件软塌塌②的衬衣。在一次会议上,袁隆平坦言③:"不错,我身价二〇〇八年就一千零八亿了,可我真的有那么多钱吗?没有。我现在就是靠每个月六千多元的工资生活,已经很满足了。我今天穿的衣服就五十块钱,但我喜欢的还是昨天穿的那件十五块钱的衬衫,穿着很精神④。"袁隆平认为,"一个人的时间和精力是有限的,如果老想着享受,哪有心思⑤搞科研?搞科学研究就是要淡泊⑥名利,踏实⑦做人"。

在工作人员眼中,袁隆平其实就是一位身板⑧硬朗⑨的"人民农学家","老人下田从不要人搀扶⑩,拿起套鞋,脚一蹬就走"。袁隆平说:"我有八十岁的年龄⑪,五十多岁的身体,三十多岁的心态,二十多岁的肌肉弹性。"袁隆平的业余生活非常丰富,钓鱼、打排球、听音乐……他说,就是喜欢⑫这些//不花钱的平民项目。

二〇一〇年九月,袁隆平度过了他的八十岁生日。当时,他许了个愿:到九十岁时,要实现亩产一千公斤!如果全球百分之五十的稻田种植杂交水稻,每年可增产一点五亿吨粮食,可多养活四亿到五亿人口。

节选自刘畅《一粒种子造福世界》

读音提示

①隆平 Lóngpíng
②软塌塌 ruǎntātā
③坦言 tǎnyán
④精神 jīngshen
⑤心思 xīnsi
⑥淡泊 dànbó
⑦踏实 tāshi
⑧身板 shēnbǎnr
⑨硬朗 yìnglang
⑩搀扶 chānfú
⑪年龄 niánlíng
⑫喜欢 xǐhuan

作品 41 号

北京的颐和园①是个美丽的大公园。

进了颐和园的大门,绕过大殿,就来到有名的长廊②。绿漆的柱子,红漆的栏杆,一眼望不到头。这条长廊有七百多米长,分成二百七十三间。每一间的横槛③上都有五彩的画,画着人物、花草、风景,几千幅画没有哪两幅④是相同的。长廊两旁栽满了花木,这一种花还没谢,那一种花又开了。微风从左边的昆明湖上吹来,使人神清气爽。

走完长廊,就来到了万寿山脚下。抬头一看,一座八角宝塔形的三层建筑耸立⑤在半山腰上,黄色的琉璃瓦闪闪发光。那就是佛香阁⑥。下面的一排排金碧辉煌⑦的宫殿⑧,就是排云殿⑨。

登上万寿山,站在佛香阁的前面向下望,颐和园的景色大半收在眼底。葱郁⑩的树丛,掩映⑪着黄的绿的琉璃瓦⑫屋顶和朱红的宫墙。正前面,昆明湖静得像一面镜子,绿得像一块碧玉。游船、画舫⑬在湖面慢慢地滑过,几乎不留一点儿痕迹⑭。向东远眺,隐隐约约可以望见几座古老的城楼和城里的白塔。

从万寿山下来,就是昆明湖。昆明湖围着长长的堤岸⑮,堤上有好几座式样不同的石桥,两岸栽着数不清的垂柳。湖中心有个小岛,远远望去,岛上一片葱绿,树丛中露出⑯宫殿的一角。//游人走过长长的石桥,就可以去小岛上玩。这座石桥有十七个桥洞,叫十七孔桥。桥栏杆上有上百根石柱,柱子上都雕刻着小狮子。这么多的狮子,姿态不一,没有哪两只是相同的。

颐和园到处有美丽的景色,说也说不尽,希望你有机会去细细游赏。

节选自袁鹰《颐和园》

读音提示

①颐和园 Yíhéyuán

②长廊 chángláng

③横槛 héngjiàn

④哪两幅 nǎ liǎng fú

⑤耸立 sǒnglì

⑥佛香阁 Fóxiānggé

⑦金碧辉煌 jīnbì-huīhuáng

⑧宫殿 gōngdiàn

⑨排云殿 Páiyúndiàn

⑩葱郁 cōngyù

⑪掩映 yǎnyìng

⑫琉璃瓦 liú·líwǎ

⑬画舫 huàfǎng

⑭痕迹 hénjì

⑮堤岸 dī'àn

⑯露出 lòuchū

作品42号

一谈到读书,我的话就多了!

我自从会认字后不到几年,就开始读书。倒不是四岁时读母亲给我的商务印书馆出版的国文教科书第一册的"天、地、日、月、山、水、土、木"以后的那几册,而是七岁时开始自己读的"话说天下大势,分久必合,合久必分……"的《三国演义》。

那时,我的舅父杨子敬①先生②每天晚饭后必给我们几个表兄妹讲一段《三国演义》,我听得津津有味③,什么"宴桃园豪杰三结义,斩黄巾英雄④首立功",真是⑤好听极了。但是他讲了半个钟头,就停下去干他的公事了。我只好带着对于故事⑥下文的无限悬念⑦,在母亲的催促⑧下,含泪上床。

此后,我决定咬了牙,拿起一本《三国演义》来,自己一知半解地读了下去,居然越看越懂,虽然字音都读得不对,比如把"凯"念作"岂",把"诸"⑨念作"者"之类,因为⑩我只学过那个字一半部分。

谈到《三国演义》,我第一次读到关羽死了,哭了一场⑪,把书丢下了。第二次再读到诸葛亮死了,又哭了一场,又把书丢下了,最后忘了是什么时候才把全书读到"分久必合"的结局。

这时我同时还看了母亲针线笸箩⑫里常放着的那几本《聊斋志异》,聊斋故事是短篇的,可以随时拿起放下,又是文言的,这对于我的//作文课很有帮助,因为老师曾在我的作文本上批着"柳州风骨,长吉清才"的句子,其实我那时还没有读过柳宗元和李贺的文章,只因那时的作文,都是用文言写的。

书看多了,从中也得到一个体会,物怕比,人怕比,书也怕比,"不比不知道,一比吓一跳"。因此,某年的六一国际儿童节,有个儿童刊物要我给儿童写几句指导读书的话,我只写了九个字,就是:

读书好,多读书,读好书。

节选自冰心《忆读书》

读音提示

①杨子敬 Yáng Zǐjìng
②先生 xiānsheng
③津津有味 jīnjīn-yǒuwèi
④英雄 yīngxióng
⑤真是 zhēnshi
⑥故事 gùshi
⑦悬念 xuánniàn
⑧催促 cuīcù
⑨诸 zhū
⑩因为 yīn·wèi
⑪哭了一场 kūle yì cháng
⑫笸箩 pǒluo

作品 43 号

徐霞客是明朝末年的一位奇人。他用双脚,一步一步地走遍了半个中国大陆,游览过许多名山大川,经历过许多奇人异事。他把游历的观察和研究记录下来,写成了《徐霞客游记》这本千古奇书。

当时的读书人,都忙着追求科举功名,抱着"十年寒窗无人问,一举成名天下知"的观念,埋头于经书之中。徐霞客却卓尔不群①,醉心②于古今史籍及地志、山海图经的收集和研读。他发现此类书籍很少,记述简略且多有相互矛盾之处,于是他立下雄心壮志③,要走遍天下,亲自考察。

此后三十多年,他与长风为伍,云雾为伴,行程九万里,历尽千辛万苦,获得了大量第一手考察资料。徐霞客日间攀险峰④,涉危涧⑤,晚上就是再疲劳,也一定录下当日⑥见闻。即使⑦荒野露宿⑧,栖身⑨洞穴⑩,也要"燃松拾穗⑪,走笔为记"。

徐霞客的时代,没有火车,没有汽车,没有飞机,他所去的许多地方⑫连道路都没有,加上明朝末年治安不好,盗匪横行⑬,长途旅行是非常艰苦又非常危险的事。

有一次,他和三个同伴到西南地区,沿路考察石灰岩地形和长江源流。走了二十天,一个同伴难耐⑭旅途劳顿,不辞而别。到了衡阳附近⑮又遭遇土匪抢劫⑯,财物尽失,还险//些被杀害。好不容易到了南宁,另一个同伴不幸病死,徐霞客忍痛继续西行。到了大理,最后一个同伴也因为吃不了苦,偷偷地走了,还带走了他仅存的行囊。但是,他还是坚持目标,继续他的研究工作,最后找到了答案,推翻历史上的错误,证明长江的源流不是岷江而是金沙江。

节选自《阅读大地的徐霞客》

读音提示

①卓尔不群 zhuó'ěr-bùqún
②醉心 zuìxīn
③雄心壮志 xióngxīn-zhuàngzhì
④攀险峰 pān xiǎnfēng
⑤危涧 wēijiàn
⑥当日 dàngrì
⑦即使 jíshǐ
⑧露宿 lùsù
⑨栖身 qīshēn
⑩洞穴 dòngxué
⑪燃松拾穗 rán sōng shí suì
⑫地方 dìfang
⑬横行 héngxíng
⑭难耐 nán nài
⑮附近 fùjìn
⑯抢劫 qiǎngjié

作品 44 号

造纸术的发明,是中国对世界文明的伟大贡献之一。

早在几千年前,我们的祖先就创造了文字。可那时候还没有纸,要记录一件事情,就用刀把文字刻在龟甲和兽骨上,或者把文字铸刻①在青铜器上。后来,人们又把文字写在竹片和木片上。这些竹片、木片用绳子②穿起来,就成了一册书。但是,这种书很笨重,阅读、携带、保存都很不方便。古时候用"学富五车"形容一个人学问③高,是因为④书多的时候需要用车来拉。再后来,有了蚕丝⑤织成的帛⑥,就可以在帛上写字了。帛比竹片、木片轻便,但是价钱太贵,只有少数人能用,不能普及。

人们用蚕茧⑦制作丝绵时发现,盛放蚕茧的篾席⑧上,会留下一层薄片⑨,可用于书写。考古学家发现,在两千多年前的西汉时代,人们已经懂得了用麻来造纸。但麻纸比较⑩粗糙⑪,不便书写。

大约在一千九百年前的东汉时代,有个叫蔡伦的人,吸收了人们长期积累的经验,改进了造纸术。他把树皮、麻头、稻草、破布等原料剪碎或切断,浸在水里捣烂成浆;再把浆捞出来晒干,就成了一种既轻便又好用的纸。用这种方法造的纸,原料容易得到,可以大量制造,价格又便宜⑫,能满足多数人的需要,所//以这种造纸方法就传承下来了。

我国的造纸术首先传到邻近的朝鲜半岛和日本,后来又传到阿拉伯世界和欧洲,极大地促进了人类社会的进步和文化的发展,影响了全世界。

节选自《纸的发明》

读音提示

①铸刻 zhùkè

②绳子 shéngzi

③学问 xuéwen

④因为 yīn·wèi

⑤蚕丝 cánsī

⑥帛 bó

⑦蚕茧 cánjiǎn

⑧篾席 mièxí

⑨薄片 báopiàn

⑩比较 bǐjiào

⑪粗糙 cūcāo

⑫便宜 piányi

作品 45 号

中国的第一大岛、台湾省的主岛台湾,位于中国大陆架的东南方,地处①东海和南海之间,隔着台湾海峡和大陆相望。天气晴朗的时候,站在福建沿海较高的地方②,就可以隐隐约约③地望见岛上的高山和云朵。

台湾岛形状狭长④,从东到西,最宽处只有一百四十多公里;由南至北,最长的地方约有三百九十公里。地形像一个纺织用的梭子⑤。

台湾岛上的山脉纵贯⑥南北,中间的中央山脉犹如全岛的脊梁⑦。西部为海拔近四千米的玉山山脉,是中国东部的最高峰。全岛约有三分之一的地方是平地,其余为山地。岛内有缎带般的瀑布,蓝宝石似的⑧湖泊⑨,四季常青的森林和果园,自然景色十分优美。西南部的阿里山和日月潭,台北市郊的大屯山风景区,都是闻名世界的游览胜地。

台湾岛地处热带和温带之间,四面环海,雨水充足⑩,气温受到海洋的调剂⑪,冬暖夏凉⑫,四季如春,这给水稻和果木生长提供⑬了优越的条件。水稻、甘蔗⑭、樟脑是台湾的"三宝"。岛上还盛产鲜果和鱼虾。

台湾岛还是一个闻名世界的"蝴蝶王国"。岛上的蝴蝶共有四百多个品种,其中有不少是世界稀有的珍贵品种。岛上还有不少鸟语花香的蝴//蝶谷,岛上居民利用蝴蝶制作的标本和艺术品,远销许多国家。

节选自《中国的宝岛——台湾》

读音提示

①地处 dìchǔ
②地方 dìfang
③隐隐约约 yǐnyǐnyuēyuē
④狭长 xiácháng
⑤梭子 suōzi
⑥纵贯 zòngguàn
⑦脊梁 jǐ·liáng

⑧似的 shìde
⑨湖泊 húpō
⑩充足 chōngzú
⑪调剂 tiáojì
⑫冬暖夏凉 dōng nuǎn xià liáng
⑬提供 tígōng
⑭甘蔗 gānzhe

作品 46 号

对于中国的牛,我有着一种特别尊敬的感情。

留给我印象最深的,要算在田垄①上的一次"相遇"。

一群朋友郊游,我领头在狭窄②的阡陌③上走,怎料迎面来了几头耕牛,狭道容不下人和牛,终有一方要让路。它们还没有走近,我们已经预计斗不过畜牲④,恐怕难免踩到田地泥水里,弄得鞋袜又泥又湿了。正踟蹰⑤的时候,带头的一头牛,在离我们不远的地方停下来,抬起头看看,稍迟疑一下,就自动走下田去。一队耕牛,全跟着它离开阡陌,从我们身边经过。

我们都呆了,回过头来,看着深褐色⑥的牛队,在路的尽头消失,忽然觉得自己受了很大的恩惠。

中国的牛,永远沉默地为人做着沉重的工作。在大地上,在晨光或烈日下,它拖着沉重的犁⑦,低头一步又一步,拖出了身后一列又一列松土,好让人们下种⑧。等到满地金黄或农闲时候,它可能还得担当⑨搬运负重的工作;或终日绕着石磨,朝同一方向,走不计程的路。

在它沉默的劳动中,人便得到应得的收成⑩。

那时候,也许,它可以松一肩重担,站在树下,吃几口嫩草。偶尔摇摇尾巴⑪,摆摆耳朵⑫,赶走飞附⑬身上的苍蝇⑭,已经算是它最闲适的生活了。

中国的牛,没有成群奔跑的习//惯,永远沉沉实实的,默默地工作,平心静气。这就是中国的牛!

节选自(香港)小思《中国的牛》

读音提示

①田垄 tiánlǒng

②狭窄 xiázhǎi

③阡陌 qiānmò

④畜牲 chùsheng

⑤踟蹰 chíchú

⑥深褐色 shēnhèsè

⑦犁 lí

⑧下种 xià zhǒng

⑨担当 dāndāng

⑩收成 shōucheng

⑪摇摇尾巴 yáoyao wěiba

⑫摆摆耳朵 bǎibai ěrduo

⑬飞附 fēifù

⑭苍蝇 cāngying

作品 47 号

石拱桥①的桥洞成弧形②,就像虹。古代神话里说,雨后彩虹是"人间天上的桥",通过彩虹就能上天。我国的诗人爱把拱桥比作虹,说拱桥是"卧虹""飞虹",把水上拱桥形容为"长虹卧波"③。

我国的石拱桥有悠久④的历史。《水经注》里提到的"旅人桥"⑤,大约建成于公元二八二年,可能是有记载⑥的最早的石拱桥了。我国的石拱桥几乎到处都有。这些桥大小不一,形式多样,有许多是惊人的杰作。其中最著名的当推河北省赵县的赵州桥。

赵州桥非常雄伟,全长五十点八二米。桥的设计完全合乎科学原理,施工技术更是巧妙绝伦。全桥只有一个大拱,长达三十七点四米,在当时可算是世界上最长的石拱。桥洞不是普通半圆形,而是像一张弓,因而大拱上面的道路没有陡坡⑦,便于车马上下。大拱的两肩上,各有两个小拱。这个创造性的设计,不但节约了石料,减轻了桥身的重量,而且在河水暴涨⑧的时候,还可以增加桥洞的过水量,减轻洪水对桥身的冲击。同时,拱上加拱,桥身也更美观。大拱由二十八道拱圈⑨拼成,就像这么多同样形状的弓合拢⑩在一起,做成一个弧形的桥洞。每道拱圈都能独立支撑上面的重量,一道坏了,其//他各道不致受到影响。全桥结构匀称,和四周景色配合得十分和谐;桥上的石栏石板也雕刻得古朴美观。赵州桥高度的技术水平和不朽的艺术价值,充分显示了我国劳动人民的智慧和力量。

节选自茅以升《中国石拱桥》

读音提示

①石拱桥 shígǒngqiáo
②弧形 húxíng
③长虹卧波 chánghóng-wòbō
④悠久 yōujiǔ
⑤旅人桥 Lǚrénqiáo
⑥记载 jìzǎi
⑦陡坡 dǒupō
⑧暴涨 bàozhǎng
⑨拱圈 gǒngquān
⑩合拢 hélǒng

作品 48 号

不管我的梦想能否成为事实,说出来总是好玩儿的:

春天,我将要住在杭州。二十年前,旧历的二月初,在西湖我看见了嫩柳①与菜花,碧浪与翠竹。由我看到的那点儿春光,已经可以断定,杭州的春天必定会教人②整天生活在诗与图画之中。所以,春天我的家应当是在杭州。

夏天,我想青城山③应当算作④最理想的地方。在那里,我虽然只住过十天,可是它的幽静已拴住了我的心灵⑤。在我所看见过的山水中,只有这里没有使我失望。到处都是绿,目之所及,那片淡而光润⑥的绿色都在轻轻地颤动,仿佛⑦要流入空中与心中似的。这个绿色会像音乐,涤清⑧了心中的万虑。

秋天一定要住北平。天堂是什么样子,我不知道,但是从我的生活经验去判断,北平之秋便是天堂。论天气,不冷不热。论吃的,苹果、梨、柿子⑨、枣儿⑩、葡萄,每样都有若干种。论花草,菊花种类之多,花式之奇,可以甲天下。西山有红叶可见,北海可以划船——虽然荷花已残,荷叶可还有一片清香。衣食住行,在北平的秋天,是没有一项不使人满意的。

冬天,我还没有打好主意⑪,成都或者相当地合适,虽然并不怎样和暖,可是为了水仙,素心蜡梅,各色的茶花,仿佛就受一点儿⑫寒//冷,也颇值得去了。昆明的花也多,而且天气比成都好,可是旧书铺与精美而便宜的小吃远不及成都那么多。好吧,就暂这么规定:冬天不住成都便住昆明吧。

节选自老舍《"住"的梦》

读音提示

①嫩柳 nènliǔ

②教人 jiào rén

③青城山 Qīngchéng Shān

④算作 suànzuò

⑤心灵 xīnlíng

⑥光润 guāngrùn

⑦仿佛 fǎngfú

⑧涤清 díqīng

⑨柿子 shìzi

⑩枣儿 zǎor

⑪主意 zhǔyi(变调为 zhúyi)

⑫一点儿 yìdiǎnr

作品 49 号

在北京市东城区著名的天坛公园东侧,有一片占地面积近二十万平方米的建筑区域,大大小小的十余栋训练馆坐落其间。这里就是国家体育总局训练局。许多我们耳熟能详①的中国体育明星都曾在这里挥汗如雨②,刻苦练习。

中国女排的一天就是在这里开始的。

清晨八点钟,女排队员们早已集合完毕,准备开始一天的训练。主教练郎平坐在场外长椅上,目不转睛③地注视着跟随助理教练们做热身运动的队员们,她身边的座位上则横七竖八地堆放着女排姑娘们的各式用品:水、护具、背包,以及各种外行人④叫不出名字的东西。不远的墙上悬挂着一面鲜艳的国旗,国旗两侧是"顽强拼搏"和"为国争光"两条红底黄字的横幅⑤,格外醒目。

"走下领奖台,一切从零开始"十一个大字,和国旗遥遥相望,姑娘们训练之余偶尔一瞥⑥就能看到。只要进入这个训练馆,过去的鲜花、掌声与荣耀皆成为历史,所有人都只是最普通的女排队员。曾经的辉煌、骄傲、胜利,在踏入这间场馆的瞬间⑦全部归零。

踢球跑、垫球跑、夹球⑧跑……这些对普通人而言和杂技差不多的项目是女排队员们必须熟练掌握的基本技能。接下来//的任务是小比赛。郎平将队员们分为几组,每一组由一名教练监督,最快完成任务的小组会得到一面小红旗。

看着这些年轻的姑娘们在自己的眼前来来去去,郎平的思绪常飘回到三十多年前。那时风华正茂的她是中国女排的主攻手,她和队友们也曾在这间训练馆里夜以继日地并肩备战。三十多年来,这间训练馆从内到外都发生了很大的变化:原本粗糙的地面变成了光滑的地板,训练用的仪器越来越先进,中国女排的团队中甚至还出现了几张陌生的外国面孔……但时光荏苒,不变的是这支队伍对排球的热爱和"顽强拼搏,为国争光"的初心。

节选自宋元明《走下领奖台,一切从零开始》

读音提示

①耳熟能详 ěrshú-néngxiáng
②挥汗如雨 huīhàn-rúyǔ
③目不转睛 mùbùzhuǎnjīng
④外行人 wàihángrén

⑤横幅 héngfú
⑥一瞥 yì piē
⑦瞬间 shùnjiān
⑧夹球 jiā qiú

作品 50 号

在一次名人访问中,被问及上个世纪最重要的发明是什么时,有人说是电脑,有人说是汽车,等等。但新加坡的一位知名人士却说是冷气机。他解释,如果没有冷气,热带地区如东南亚①国家,就不可能有很高的生产力,就不可能达到今天的生活水准。他的回答实事求是,有理有据。

看了上述报道,我突发奇想:为什么没有记者问"二十世纪最糟糕的发明是什么"?其实二〇〇二年十月中旬,英国的一家报纸就评出了"人类最糟糕的发明"。获此"殊荣"的,就是人们每天大量使用的塑料袋②。

诞生于上个世纪三十年代的塑料袋,其家族包括用塑料制成的快餐饭盒③、包装纸、餐用杯盘、饮料瓶、酸奶杯、雪糕杯等。这些废弃物形成的垃圾,数量多、体积大、重量轻、不降解,给治理工作带来很多技术难题和社会问题。

比如,散落④在田间、路边及草丛中的塑料餐盒,一旦被牲畜⑤吞食,就会危及健康甚至导致死亡。填埋废弃塑料袋、塑料餐盒的土地,不能生长庄稼⑥和树木,造成土地板结,而焚烧⑦处理⑧这些塑料垃圾,则会释放出多种化学有毒气体,其中一种称为二噁英⑨的化合物⑩,毒性极大。

此外,在生产塑料袋、塑料餐盒的过//程中使用的氟利昂,对人体免疫系统和生态环境造成的破坏也极为严重。

节选自林光如《最糟糕的发明》

读音提示

①东南亚 Dōngnán Yà
②塑料袋 sùliàodài
③饭盒 fànhé
④散落 sànluò
⑤牲畜 shēngchù
⑥庄稼 zhuāngjia
⑦焚烧 fénshāo
⑧处理 chǔlǐ
⑨二噁英 èr'èyīng
⑩化合物 huàhéwù

第十八章　命题说话

第一节　命题说话的要求

命题说话的测试目的是测查应试人在无文字凭借的情况下说普通话的水平,重点测查应试人语音标准程度、词汇语法规范程度和自然流畅程度。说话话题从《普通话水平测试用话题》中选取,应试人从给定的两个话题中选定一个话题,连续说一段话。

一、无文字凭借

命题说话为应试人单向说话。命题说话时完全无文字凭借,不允许应试人将与命题说话的话题有关的资料带进考场。应试人对即将发出的音节无法充分准备,一边说话,一边斟酌发音,一边考虑说话的内容,组织恰当的语句,这样更容易导致语音错误和语音缺陷。没有了文字凭借,应试人更接近平时的语言状态,语音错误和缺陷也更容易暴露出来。

二、语音标准

应试人应试时,普通话的声、韵、调要正确;变调、儿化、轻声以及语气词"啊"音变要恰当;语调平稳自然;能够按照普通话的口语语调来说话,不带有朗读和背诵的腔调。

三、词汇语法规范

命题说话虽然预先有一定的时间准备,但仍属于即兴说话。在没有文字凭借的情况下,应试人一方面要注意语音是否标准,另一方面又要注意词汇语法的规范,的确有些难度。普通话水平测试命题说话测查的是应试人的语法、词汇是否符合普通话的规范,应试人只能根据要求来准备说话的内容,使用普通话的词汇和语法格式,不能使用典型的方言词汇和方言语法格式。

四、自然流畅

这一项要求应试人语言自然流畅,口语化,语言连贯、不生硬,没有背稿子的表现。

有的应试人说话时找不到合适的词语,话语不清晰、不流畅,结结巴巴,断断续续。还有应试人提前将话题内容写成文稿背下来。这些情况都是会被扣分的,在应试中应试人应该尽量避免类似情况。

五、说满 3 分钟

说满 3 分钟,并且要有一定的信息量。应试人说话不足 3 分钟,是要被酌情扣分的。有些应试人由于准备不充分,命题说话时没有具体内容,或者只开了个头儿就无话可说了,只好东拉西扯或简单重复相同的内容。比如,有应试人就"童年的记忆"说为:"我的童年有许多事情使我至今难忘。小时候,我的奶奶给我讲了个故事:从前有座山,山上有座庙,庙里有个老和尚,老和尚说:从前有座山,山上有座庙……"还有些应试人实在说不下去,干脆放弃。这些情况都会被大量扣分。

第二节 命题说话常见问题

一、命题说话的重要性

命题说话是普通话水平测试中的关键环节,分值高,难度大,容易暴露应试人自身的缺点,也是失分最多的一项,一向是测试培训辅导的重中之重。命题说话是对应试人心理素质、普通话准确程度、熟练程度和规范程度的综合考查。

为了深入了解命题说话项的评测情况,笔者对全国上万名测试对象在该项的测试情况进行了细致的分析。结果显示:非语音失误比例达到了 47.6%。也就是说,有近一半的应试人因非语音失误而被扣分,这个比例非常高,很大程度上影响了应试人的最终成绩。如果能减少非语音失误,那么很多应试人就能够取得理想成绩。

二、命题说话非语音失误分析

在普通话水平测试中,命题说话常见非语音失误如下:

(一)词汇、语法不规范

1. 滥用网络流行语言

如今的网络十分发达,各种流行语言、网络语言和缩略语层出不穷,很多应试人时常使用。比如:"996"(互联网企业加班文化)、"上头"(表达某一事物让人产生冲动、惊讶等情绪)等网络词语。虽然有些网络用语在社会上使用较广,为大众所普遍接受,但是绝大多数网络用语是没有生命力的,是不规范的,还需要时间的检验,所以应试人应该尽量少用或者不用网络词语。

2. 误用方言

比如话题"尊敬的人",有应试人说:"我老爸会烧许多菜,好吃的来!"像这种上海方言中的典型语法结构,在普通话中是不规范的。又如话题"我喜爱的动物",有应试人说:"我养了一只狗,实在是逗人爱!"像这种长沙方言中的典型词汇,在测试中是要被扣分的。

(二)语言表达不够自然流畅

自然流畅主要体现在两个方面,一是指表达要口语化,没有书面色彩和背稿子的表现;二是指语流顺畅、语言连贯、语调不生硬。在所有的非语音失误中,自然流畅度的扣分是较常见的。主要问题表现为以下几个方面:

1. 背稿

有一些应试人往往"有背而来",直接背稿子,结果就把命题说话变成了背稿子。这是不可取的。普通话水平测试评分细则中关于命题说话的评分中有这样一条规则(自然流畅程度中第二档):"语言基本流畅,口语化较差,有背稿子的表现。扣 0.5 分、1 分。"

2. 雷同

很多应试人喜欢从网上搜索话题资料,而网上的很多范文大同小异。避免雷同的方法是应试人现身说法,说自己的经历、故事、见解,这样还能避免忘词,比强行背诵别人的文章容易得多。

3. 书面语

例如,有应试人抽到话题"印象深刻的书籍(或报刊)",就说:"书的海洋,真可谓是五彩缤纷、琳琅满目,有的人喜欢读往圣先贤的经典著作,有的人喜欢充满思辨性、浪漫性的文学书籍,有的人喜欢严肃的历史书籍,而我则喜欢博采中外、荟萃精华、启迪思想、开阔眼界的《读者》。"这段话虽然语句连贯,思路顺畅,但书卷味十足,不够口语化,使"说话"听起来极不自然。

4. 口头语

口头语不等于口语化,更不是口头禅。有的应试人在说话的过程中,加上一些"嗯嗯啊啊"之类的口头禅,或是拿腔拿调,以为这样就是口语化,这是不可取的。

5. 语速不当

命题说话需要连续不断地说满 3 分钟,很多应试人没有足够多的话语来填充这"漫长"的 3 分钟。有的应试人在电脑面前控制不住自己的语速,紧张之下越说越快,以致原本 3 分钟的话题内容,2 分钟就说完了,导致失误频繁出现,最终以缺时结束。

有的应试人为了说满3分钟,故意放慢语速,甚至几个字一停顿,以致见字不见篇。虽说说话的时间凑够了3分钟,但是出现了语音不流畅的问题。这都是要被大量扣分的。

(三)缺时

命题说话评分标准规定,说话不足3分钟,酌情扣分。有的应试人紧张或准备不充分,导致没能说满3分钟;有的应试人为了"凑满"3分钟,在说话过程中多处非正常停顿,其实这种断续缺时也是要累计时间的,而且停顿多了也会影响说话整体的流畅度。

(四)离题

比如,有应试人抽到话题"尊敬的人",就说:"我尊敬的人是我的爸爸,我爸爸很会烧菜,我最喜欢的一道菜是红烧狮子头……"然后就开始详细介绍红烧狮子头是怎么做出来的。这种生硬的过渡衔接,最终会被判定为离题。

(五)无效话语

无效话语主要是指出现与测试话题不相关的话语、多次简单重复相同的语句、内容信息量太低等情况。比如曾有应试人在"难忘的旅行"中说道:"我和我爸爸、我和我妈妈、我和我爸爸的同事、我和我妈妈的同事、我和我哥哥的同学……"然后一直简单重复类似的称谓,一直到最后几秒结尾:"……我们一起去黄山旅行。"这些都是应试人对命题说话的认识存在误区、准备不充分导致的。

(六)操作失误

部分应试人在面对电脑时心理紧张,加之对测试程序、测试规则不够熟悉,导致不必要的操作失误。

第三节 命题说话应试策略

一、有序组织语言,注意口语化表达

应试人要树立正确的认识,命题说话不是命题作文,也不是测试口才。命题说话重点测查语音标准程度、词汇语法规范程度和自然流畅程度。因此,应试人使用简单的口语表达即可。

词汇方面应使用口语化表达。例如:书面语称呼"父亲""母亲""祖父""祖母",口语中一般称呼"爸爸""妈妈""爷爷""奶奶"。

句式的要求。命题说话作为文学语言的口语形式,具有谈话体的特点,应试人须

尽量避免繁杂句式的使用，多用短句、简单句。

语篇的构成。应试人在说话过程中宜采用"直线性""流水账"的策略。比如，在说到"我对终身学习的看法"这一题目时，应试人可以从小学一直说到大学，再说到工作生活中的学习，进行直线性的叙述。再如，说到"我喜爱的季节"时，应试人可从春季说到冬季。

二、灵活把握题目，不要过于拘谨

普通话水平测试用的50个话题，大体可以分为叙述描写、介绍说明、议论评说三类。这50个题目涵盖内容广，但都很生活化，一个说话材料可以出现在多个话题中，即很多话题可以使用同一个材料。一般来说，叙述型的话题表达起来相对简单一些，议论型的话题难一些，应试人可以将议论型话题巧妙地转换成叙述型，以降低难度。比如："谈个人修养""谈传统美德""对环境保护的认识""谈谈卫生与健康"这几个话题就可以用故事、用叙述的方式说出来。

三、列提纲，打腹稿

无论是说人、说事，还是说景、说物，或者议论评说的话题，都可以先列一个提纲，围绕提纲打一个腹稿，这样就可以有效避免逻辑混乱、没有头绪现象的出现。用提纲加腹稿的方式组合材料，可以丰富说话内容，增强说话流畅度。

在命题说话时，应试人不必拘泥于特定顺序，可以根据自己的实际情况灵活把握结构，组合材料，丰富说话内容。

四、用第一人称讲故事

在命题说话时，应试人要使用第一人称讲述，这样便于直接表达内容；说自己生活中的事思路会更清晰，表达会更流畅。

五、熟练掌握测试流程，避免操作失误

普通话测试站对参加测试的人员在测前都会进行考前培训辅导。应试人可以先了解一下普通话水平测试的全过程，做好相应准备，到考场上不至于因为某个环节和预想的情况不一致而手忙脚乱、无所适从。

第四节　普通话水平测试用话题

说明：

本材料共有话题50例,供普通话水平测试第五项——命题说话测试使用。本材料仅是对话题范围的规定,并不规定话题的具体内容。

1. 我的一天
2. 老师
3. 珍贵的礼物
4. 假日生活
5. 我喜爱的植物
6. 我的理想(或愿望)
7. 过去的一年
8. 朋友
9. 童年生活
10. 我的兴趣爱好
11. 家乡(或熟悉的地方)
12. 我喜欢的季节(或天气)
13. 印象深刻的书籍(或报刊)
14. 难忘的旅行
15. 我喜欢的美食
16. 我所在的学校(或公司、团队、其他机构)
17. 尊敬的人
18. 我喜爱的动物
19. 我了解的地域文化(或风俗)
20. 体育运动的乐趣
21. 让我快乐的事情
22. 我喜欢的节日
23. 我欣赏的历史人物
24. 劳动的体会
25. 我喜欢的职业(或专业)
26. 向往的地方
27. 让我感动的事情

28. 我喜爱的艺术形式

29. 我了解的十二生肖

30. 学习普通话(或其他语言)的体会

31. 家庭对个人成长的影响

32. 生活中的诚信

33. 谈服饰

34. 自律与我

35. 对终身学习的看法

36. 谈谈卫生与健康

37. 对环境保护的认识

38. 谈社会公德(或职业道德)

39. 对团队精神的理解

40. 谈中国传统文化

41. 科技发展与社会生活

42. 谈个人修养

43. 对幸福的理解

44. 如何保持良好的心态

45. 对垃圾分类的认识

46. 网络时代的生活

47. 对美的看法

48. 谈传统美德

49. 对亲情(或友情、爱情)的理解

50. 小家、大家与国家

第十九章 普通话水平测试全真模拟试卷

样卷示范

样 卷

一、读单音节字词(100个音节,共10分,限时3.5分钟)

床 根 直 云 娘 德 蹿 拽 抹 队
觉 应 填 门 朵 每 落 夫 太 亩
若 丝 标 收 好 丢 中 躺 瓶 瓮
花 扔 从 春 秦 理 奏 铝 凡 观
奴 越 劝 屯 价 非 讲 薄 啐 小
腿 史 乘 夏 二 切 瓦 顶 块 熊
满 渍 空 塞 即 磷 乎 水 辨 旗
感 咧 折 超 筐 刚 单 求 嗤 幸
崽 揪 斋 冯 续 航 哑 损 滨 穷
篇 脓 筏 瞥 篆 选 广 赠 爪 量

二、读多音节词语(100个音节,共20分,限时2.5分钟)

裁军 错综复杂 卓越 豪华 衰弱 怎么 半空
撒谎 祈求 墨汁儿 相似 尖端 炯炯 引水
临终 认定 耗费 体操 共产党 偏旁 跳高儿
去年 吞没 侄女 开春儿 乡下 绷带 短缺
清静 鬼脸 和谐 马褂 丰富 广场 子女
安定 哲学 假日 水土 专长 衰败 自称
劝慰 生产力 识别 投标 富翁 门口儿

三、朗读短文(400个音节,共30分,限时4分钟)

作品15号

四、命题说话(请在下列话题中任选一个,共40分,限时3分钟)

1. 假日生活　　2. 我喜爱的职业

示例:假日生活

　　由于工作的原因,假日对于我来说,比那些朝九晚五的上班族要多得多。因而,我的假日生活的安排也就可以更为从容。按季节来说的话,一般春天我会比较多地安排一些旅游的时间。俗话说,一年之计在于春。春天是一年中最好的季节,但是往往春天到来的时候,中国北方还处于春寒料峭之中,而中国的南方则是繁花似锦,暖风熏得游人醉了。所以,在这个季节,到中国南方的一些地方去走一走、看一看,感受春意如酒,无边春色,实在是一件赏心悦目的事情。所以每到这个季节,我总是喜欢去南方的一些小城市旅游,在那里小住几天,走一走,逛一逛,尝一尝地方的美食,体验一下地方的民俗风情,为这个漫长的冬天而积累下来的单调臃肿的心情放一个假。

　　紧随着春天而来的是夏天。没有比炎热的夏天在海边吹着海风、吃着海鲜更惬意的事情了。所以每到夏天,我会选择去海边度假。夏天的海充满了魅力,夏天的海滩是无数人向往的地方。光着脚丫走在松软的沙滩上,耳边听着声声海浪,看海鸥在海上飞来飞去,蔚蓝的天空,碧蓝的海,惬意的游人,凉爽而舒适。

　　秋天是北京一年四季中最迷人、最有魅力的季节。在秋天,我会选择在假日去爬山。北京的香山是著名的红叶之山,秋天爬香山几乎成了大家约定俗成的一件事情。边爬山边欣赏着满山的红叶,阳光在红叶上投射出迷人的光斑,让人觉得时光就像水一样,在心里激起动人的涟漪。另外,秋天是收获的季节。在秋天有假期的时候,我会选择回到家乡,回到那个从小一直生活成长的地方,再感受一下收获的喜悦以及农作物的清香,仿佛又回到了遥远的童年时代,心中充满欢喜。

　　北京的冬天很舒服,因为北京有暖气,所以在冬天的时候,我假期一般都会窝在家里,看一看自己喜欢的电影、书籍,欣赏音乐,或者是自己动手做一些美食。总而言之,冬天是一个适合宅在家里享受的季节。当然,这里还有一个问题,那就是你还要提防发胖。

　　好了,这就是我的假日生活,也希望大家都有一个美好的假日。

试卷 1

一、读单音节字词(100个音节,共10分,限时3.5分钟)

杂 招 尺 临 恩 奎 爽 决 踢 细
涡 纵 详 舜 管 孙 特 松 晒 敛
儿 测 筏 线 独 扣 镁 群 艇 黑
讽 佑 蝶 耀 焚 葱 访 次 缩 字
摹 蛙 蛋 乃 恰 拿 帽 伤 怒 乖
陈 辱 踹 辽 耗 盘 拘 贬 抓 村
训 水 绒 柳 捐 鼓 翁 甲 破 七
羽 胎 贼 刚 承 瞥 蹦 远 蕊 雄
灭 头 猛 盈 袋 晚 昂 准 寝 腔
略 亡 巴 是 比 堆 砍 糟 黄 窨

二、读多音节词语(100个音节,共20分,限时2.5分钟)

纯粹　特征　运输　开放　主张　搜刮　奋勇
人群　明确　未曾　公有制　发表　填充　成果
窘迫　进口　机械化　别扭　纳闷儿　作怪　隔壁
被窝儿　大娘　物品　袋子　安全　逃窜　恐龙
亏损　船台　下面　富翁　爽快　消息　冷水
蛋黄儿　然而　医学　恰当　超额　存在　佛经
毛驴儿　强盗　落日　男女　缓解　类似　平原

三、朗读短文(400个音节,共30分,限时4分钟)

作品5号

四、命题说话(请在下列话题中任选一个,共40分,限时3分钟)

1.我喜爱的植物　　2.体育运动的乐趣

试卷 2

一、读单音节字词(100个音节,共10分,限时3.5分钟)

纺	云	缕	偏	夏	犊	嫩	扯	渠	愁
逆	塘	播	频	姓	蹄	篱	匹	窜	伟
雄	尺	摘	祥	鳖	穷	字	德	务	准
院	嗓	卦	决	贩	水	褐	往	氨	磁
柬	川	劝	仰	修	驼	坑	脑	牧	蕊
均	晒	表	僧	料	双	嘴	坤	耳	至
刷	尘	滚	摸	授	捣	辣	听	纵	龙
越	藕	层	踹	居	碗	鸭	迷	窟	婶
牛	张	很	熔	擦	柔	窝	兰	错	黑
噙	消	内	损	辈	枫	拐	鞭	瞧	责

二、读多音节词语(100个音节,共20分,限时2.5分钟)

大多	恰好	基本功	倒挂	宣传	唱歌儿	扭曲
门槛儿	雄伟	亏损	佛寺	眼前	群众	觉得
男女	上层	才能	增长	弹簧	月亮	划分
抽空儿	坏人	修改	养活	然而	钢铁	面临
博爱	小瓮儿	配合	村庄	手法	咖啡	理解
外科	平行	靠不住	标准	募捐	专家	麦子
时日	裸体	东欧	岁数	频率	风起云涌	

三、朗读短文(400个音节,共30分,限时4分钟)

作品 11 号

四、命题说话(请在下列话题中任选一个,共40分,限时3分钟)

1. 我的兴趣爱好   2. 谈个人修养

试卷 3

一、读单音节字词(100 个音节,共 10 分,限时 3.5 分钟)

一　腔　拟　耗　软　捻　朽　让　线　壶
抓　词　免　波　很　蹿　窘　川　簇　损
墩　唱　遵　略　州　逃　组　仍　滤　末
北　您　抖　瓮　雏　用　奎　糟　艘　蟹
云　登　块　柑　伐　缺　愁　诚　庵　仿
牙　栋　坪　拐　僻　额　貂　死　源　剑
活　犬　梭　氦　苯　驱　咧　礁　世　铃
征　坟　闭　抬　民　推　陪　宰　鹿　牛
戒　凝　二　寡　怯　闻　享　茬　下　米
勺　黑　效　筐　皖　畔　肿　天　者　军

二、读多音节词语(100 个音节,共 20 分,限时 2.5 分钟)

通讯　上下　难怪　从小　感慨　必须　权力
黄昏　佛像　维持　清楚　拥有　科学家　人影儿
妇女　窘迫　门洞儿　脸盘儿　笼子　金丝猴　调和
虐待　场所　分配　崩溃　挨个儿　硫酸　榨取
操作　周年　悄声　逃窜　钢铁　仍然　因而
打倒　别扭　眉头　疲倦　抓获　补丁　帮忙
另外　将军　一直　木偶　双亲　千瓦　遵照

三、朗读短文(400 个音节,共 30 分,限时 4 分钟)

作品 9 号

四、命题说话(请在下列话题中任选一个,共 40 分,限时 3 分钟)

1. 家乡(或熟悉的地方)　　2. 谈传统美德

试卷 4

一、读单音节字词(100 个音节,共 10 分,限时 3.5 分钟)

雄	扯	癫	板	劳	扔	桦	眸	起	日
而	蹭	牌	跳	选	航	纱	犁	毁	持
汪	署	穷	粗	甩	烈	驳	闰	凝	逼
免	靠	嗓	纵	皖	跤	笨	丢	骗	膜
子	家	治	磁	夏	腔	爽	舰	孔	箱
叙	蒸	仪	跌	费	源	汝	秋	俗	剧
歌	秒	退	贬	鬟	昏	容	歪	团	贼
掠	秆	稻	添	景	飘	探	东	尹	搜
法	群	沟	拿	呕	抓	昂	碰	果	份
钞	跺	女	捶	奶	跪	文	锁	云	糠

二、读多音节词语(100 个音节,共 20 分,限时 2.5 分钟)

夸张	程序	烟卷儿	频率	画面	维生素	白净
恰当	坏人	下列	飞跃	穷苦	力量	传统
从而	往日	男女	握手	佛教	厚道	旁听
转悠	追求	虐待	责怪	天体	循环	小丑儿
保存	虽然	太平	审美	放射	解脱	伯母
宣布	底子	封锁	大娘	军事	纳闷儿	功用
其次	状况	轻音乐	红润	展览	作恶	挨个儿

三、朗读短文(400 个音节,共 30 分,限时 4 分钟)

作品 13 号

四、命题说话(请在下列话题中任选一个,共 40 分,限时 3 分钟)

1. 老师   2. 小家、大家与国家

试卷 5

一、读单音节字词(100个音节,共10分,限时3.5分钟)

竖 慌 拄 外 追 严 米 奏 许 欠
家 彼 剩 展 霸 栓 曼 尤 沁 摘
我 修 娘 染 砌 池 末 屯 傲 塔
呆 晔 封 榜 坤 逃 恐 蔫 闯 焦
仍 鸥 溺 儿 垦 胸 弱 巢 锅 芽
兑 哲 却 窘 浑 均 狠 酥 北 宗
颇 穗 祖 肥 饼 蹭 贡 跌 敛 根
女 元 精 团 选 寸 赏 财 嗓 劣
次 瓶 撬 流 蛙 粮 搔 您 子 围
爬 略 宠 侧 乖 运 食 放 耍 苗

二、读多音节词语(100个音节,共20分,限时2.5分钟)

图案　农村　刷新　撒谎　接洽　撒开　品种
会计　河流　亏损　迈进　没词儿　情怀　时候
大娘　高尚　虐待　耕作　丰盛　舌头　窘迫
军队　儿童　遵守　屈服　共产党　好转　训练
学者　主人翁　阳光　两边　出圈儿　镇压　日程
疲倦　参观　夸张　被窝儿　滥用　标语　幼年
狂笑　饲料　方兴未艾　热闹　佛典　蜜枣儿

三、朗读短文(400个音节,共30分,限时4分钟)

作品19号

四、命题说话(请在下列话题中任选一个,共40分,限时3分钟)

1. 珍贵的礼物　　2. 对亲情(或友情、爱情)的理解

试卷 6

一、读单音节字词(100 个音节,共 10 分,限时 3.5 分钟)

略 延 舜 才 邓 瞟 抄 平 叩 怎
诗 策 窘 雾 浇 日 洼 棋 胎 全
虚 简 热 踢 月 居 俏 尝 痛 美
歌 朽 帆 荣 招 乏 外 芽 饥 娘
咧 云 洒 垫 儿 准 踹 含 轨 孟
选 辉 万 柯 烫 窄 跛 训 呆 拔
抿 吠 礼 橙 祝 栏 眨 足 宝 渔
念 谋 雇 聋 偶 您 袄 抓 垦 穗
戳 广 贴 墙 蕊 僧 瘦 摸 洽 胸
傍 磁 馆 字 酸 饼 丢 谎 颇 沉

二、读多音节词语(100 个音节,共 20 分,限时 2.5 分钟)

日益 窘迫 军粮 月份 嫂子 思考 先生
恰当 灾难 而且 叫好儿 图钉儿 作者 孙女
水鸟 消灭 拼凑 引导 出类拔萃 策略 中外
主人翁 佛法 盎然 压力 大伙儿 规格 收成
串联 开会 根据 国王 荒谬 面孔 政权
宣布 客气 英雄 挂帅 牛顿 悲哀 群体
钻头 花瓶 办公室 审美 新娘 坎肩儿

三、朗读短文(400 个音节,共 30 分,限时 4 分钟)

作品 21 号

四、命题说话(请在下列话题中任选一个,共 40 分,限时 3 分钟)

1.假日生活 2.对美的看法

试卷 7

一、读单音节字词(100个音节,共10分,限时3.5分钟)

堪　水　字　眯　碾　丢　阵　胚　住　迟
忘　酸　粤　兜　悬　扯　弓　喂　从　眨
叹　绞　忠　咧　腥　泛　驱　袄　跛　迁
项　佐　后　蜂　谬　拔　用　耍　疗　厂
拿　生　而　孙　许　掐　碰　嘴　瓮　裙
其　至　疼　垮　隔　摘　测　贼　君　蒋
侵　踹　您　呆　饱　浑　古　伶　缓　掠
该　次　鼻　末　跟　饶　恐　台　艘　谎
炎　说　团　润　窟　外　壤　下　蠢　瞥
窘　博　粪　袁　贬　馨　脸　设　恩　募

二、读多音节词语(100个音节,共20分,限时2.5分钟)

今日　　疼痛　　健全　　报废　　吵嘴　　卤水　　旋转
掌管　　电压　　授予　　苍穹　　温带　　花瓶儿　红娘
诚恳　　佛教　　快乐　　血液　　存在　　难怪　　少女
部分　　恰巧　　谬误　　从而　　未遂　　西欧　　小说儿
均匀　　力量　　名牌儿　换算　　风格　　国王　　侵略
牛犊　　意思　　仍然　　后面　　责任感　窘迫　　侦察
半导体　悲哀　　火苗儿　似的　　发狂　　爪子　　编写

三、朗读短文(400个音节,共30分,限时4分钟)

作品32号

四、命题说话(请在下列话题中任选一个,共40分,限时3分钟)

1. 我喜爱的植物　　2. 网络时代的生活

试卷 8

一、读单音节字词(100个音节,共10分,限时3.5分钟)

笨　衡　末　团　腹　牢　洼　陶　缺　壤
溺　胚　狼　逛　决　锅　贼　典　项　童
藕　陈　砂　而　米　云　历　堆　晒　元
撰　酉　瓮　斩　芽　女　闰　叠　官　层
善　寻　注　雄　剂　蕊　沁　高　坏　蹑
误　巴　乃　塘　腮　氧　遮　缓　怯　组
荒　垮　冒　剖　吻　平　子　擦　岸　粉
狗　持　歪　整　双　渴　救　叼　法　词
箔　肿　加　肯　瑟　艇　料　师　写　松
戳　穷　亏　劝　编　愣　居　昂　芯　柄

二、读多音节词语(100个音节,共20分,限时2.5分钟)

刷新　　传染病　群众　　闺女　　亏损　　英雄　　区域
海市蜃楼　案子　　恰如　　公民　　虐待　　光照　　旦角儿
撇开　　佛像　　荒谬　　红包儿　波谷　　另外　　分泌
存在　　捐款　　占用　　老爷　　配合　　主人翁　上层
党委　　快乐　　增长　　掉价儿　青蛙　　落日　　从而
冠军　　天体　　胶片　　邮戳儿　线圈　　咳嗽　　大娘
土匪　　昂首　　沙发　　火车　　西欧　　死板

三、朗读短文(400个音节,共30分,限时4分钟)

作品1号

四、命题说话(请在下列话题中任选一个,共40分,限时3分钟)

1. 我的理想(或愿望)　　2. 对垃圾分类的认识

试卷 9

一、读单音节字词(100个音节,共10分,限时3.5分钟)

宽　淌　丢　子　篇　察　披　囚　酸　胞
啃　蝶　波　囊　餐　耳　白　讲　跟　险
持　惧　闯　彭　内　乳　浙　摸　黯　则
诉　睁　敛　黑　踹　导　厘　广　投　景
随　奉　存　懂　笙　用　诊　词　胀　牙
丙　柔　洽　艇　热　穷　女　箭　稳　铭
浦　舜　鸥　窃　心　垮　曹　袜　脂　辣
弓　洒　盒　滥　歪　退　穴　箧　条　再
元　滨　选　耗　熏　爬　日　乌　枪　运
拴　裂　说　脓　吼　姬　附　肠　果　泛

二、读多音节词语(100个音节,共20分,限时2.5分钟)

四周　　留声机　拇指　　席卷　　家长　　开窍儿　后天
打嗝儿　钢铁　　强调　　矮小　　镇压　　安慰　　挫折
何尝　　盗贼　　农村　　收藏　　佛经　　侵略　　你们
玩耍　　探索　　于是　　可以　　豪华　　怀抱　　迅速
虐待　　能量　　做梦　　拉链儿　无穷　　陡坡　　然而
亏损　　荧光屏　烧饼　　成本　　外面　　非法　　宣传
有劲儿　繁荣　　胸脯　　框子　　灭亡　　人群　　闺女

三、朗读短文(400个音节,共30分,限时4分钟)

作品 36 号

四、命题说话(请在下列话题中任选一个,共40分,限时3分钟)

1. 过去的一年　　2. 如何保持良好的心态

试卷 10

一、读单音节字词(100个音节,共10分,限时3.5分钟)

亭 嘴 贴 送 暖 术 您 讨 盆 疼
呕 锐 蛇 啃 罚 浪 选 末 穷 撅
弥 枪 簧 梭 晚 军 而 综 矩 星
刊 料 纯 泛 脓 杯 傍 奶 篮 改
来 者 蒸 遍 搜 恒 免 四 攀 找
柔 赴 拐 祥 乌 迟 恩 逛 由 歉
翁 立 洒 穆 纸 颇 权 括 文 槽
运 篇 滑 恰 拟 拔 语 毁 甲 笨
戳 嗅 刷 准 薛 杠 公 尊 梅 窘
黑 次 抵 凑 摔 隐 蜂 软 钓 野

二、读多音节词语(100个音节,共20分,限时2.5分钟)

高昂　跳蚤　撒开　描写　苍白　女工　世纪
温暖　仍旧　胚胎　煤炭　看法　群众　线轴儿
艺术家　恰好　缩短　外国　口述　饼子　旋转
雨点儿　捐赠　临床　窘迫　鼻儿　确定　荒谬
附庸　挖潜　日历　摧毁　抖擞　含糊　战略
通常　侧面　因而　大娘　况且　挎包　心思
佛经　分成　主人翁　遵循　率领　优良　挨个儿

三、朗读短文(400个音节,共30分,限时4分钟)

作品33号

四、命题说话(请在下列话题中任选一个,共40分,限时3分钟)

1. 朋友　　2. 对幸福的理解

试卷 11

一、读单音节字词(100个音节,共10分,限时3.5分钟)

碗 踹 根 户 期 犯 缰 垒 绢 灰
柴 有 家 悦 贼 控 川 恒 尊 拔
此 滩 虫 土 瓢 瑟 托 耳 堆 挡
捷 胎 撒 拈 癖 原 朵 放 滚 歪
雄 判 眉 自 码 赛 皇 卧 嘘 耐
绺 恩 射 皿 池 香 指 绳 捆 夏
帛 枪 鳞 松 膜 袄 瘫 稿 凝 蔗
槽 负 刁 软 赵 翁 驯 亏 某 桩
瞥 既 耍 用 群 尚 柔 耕 蚕 贬
盆 碧 猪 垮 练 蕊 肾 膺 娶 另

二、读多音节词语(100个音节,共20分,限时2.5分钟)

人群　佛经　支持　稳当　夏天　紧缺　王后
率领　眷恋　定律　上吊　地层　谬论　区别
麻花儿　垂危　啄木鸟　快乐　贫穷　红军　剥削
安排　元素　小瓮儿　南方　被窝儿　线轴儿　高昂
舌头　创造　空子　舒坦　苟且　思索　总额
柔软　应用　抑扬顿挫　分工　开业　哈密瓜　然而
纳粹　妇女　家乡　封闭　扭转　配合

三、朗读短文(400个音节,共30分,限时4分钟)

作品41号

四、命题说话(请在下列话题中任选一个,共40分,限时3分钟)

1. 童年生活　2. 科技发展与社会生活

试卷 12

一、读单音节字词(100个音节,共10分,限时3.5分钟)

揍 卿 垮 评 忌 恒 派 全 吹 次
靶 桌 饱 蹭 明 匪 快 奖 胸 囤
撅 取 迟 润 焉 信 腮 莫 冯 稻
瘟 镭 嫩 云 灸 袍 用 族 访 梁
米 烤 糖 洒 航 根 融 税 儿 旅
狂 瓮 丢 泣 语 愣 您 谷 贫 摊
梨 穿 秒 下 抠 摆 捐 四 搓 帐
软 烘 灭 臻 田 鸭 始 抓 位 拿
波 德 庵 攥 我 妇 惨 训 拐 跷
穴 铁 荒 躲 笨 爽 辙 钩 癌 砂

二、读多音节词语(100个音节,共20分,限时2.5分钟)

沙尘　存在　请求　国王　今日　虐待　花瓶儿
难怪　产品　掉头　遭受　露馅儿　人群　压力
材料　窘迫　亏损　翱翔　永远　一辈子　通讯
敏感　不速之客　累赘　发愣　外面　酒盅儿　似乎
怎么　赔偿　勘察　妨碍　辨别　调整　少女
做活儿　完全　霓虹灯　疯狂　从而　入学　夸奖
回去　篡夺　秧歌　夏季　钢铁　佛典

三、朗读短文(400个音节,共30分,限时4分钟)

作品50号

四、命题说话(请在下列话题中任选一个,共40分,限时3分钟)

1. 我的兴趣爱好　　2. 谈中国传统文化

试卷 13

一、读单音节字词(100个音节,共10分,限时3.5分钟)

鞋 盾 师 拱 电 国 四 徽 运 准
杯 藻 惩 演 脓 掠 戳 惯 衡 手
谜 画 饶 选 穷 日 恋 帕 返 苍
闯 薪 嘴 锋 洒 瓶 伞 腔 怎 靠
两 群 征 圆 甩 内 梢 德 标 谬
雄 豆 糊 抠 窃 波 盆 丢 耳 滨
罚 伸 习 这 他 渺 来 栋 跃 囊
快 瞻 次 寡 卖 吻 突 嗓 吴 恩
甜 聚 耍 翁 膜 闰 烘 恰 鹅 氯
岁 禀 攥 惨 鸭 竭 翡 粗 脊 妆

二、读多音节词语(100个音节,共20分,限时2.5分钟)

怀念　夸张　棉花　奔跑　胸脯　安全　送信儿
杀害　侨眷　允许　跳高儿　钢铁　财产　如下
首尾　大娘　仍然　农村　摧毁　骄傲　富翁
来不及　战略　关卡　折磨　作品　谬论　穷人
在乎　群众　畅所欲言　扯皮　双亲　累赘　婴儿
佛寺　坎肩儿　虐待　完备　以外　黄桃　钉子
个别　疯狂　逗乐儿　工程师　质量　吹牛

三、朗读短文(400个音节,共30分,限时4分钟)

作品47号

四、命题说话(请在下列话题中任选一个,共40分,限时3分钟)

1.我喜欢的季节(或天气)　　2.对团队精神的理解

试卷 14

一、读单音节字词(100个音节,共10分,限时3.5分钟)

趋　脸　歪　堂　擦　台　酸　寝　云　秒
爸　期　谬　粉　俗　标　茶　胸　懂　沟
斜　府　菊　训　蹉　仓　屡　您　笨　毛
裤　婚　团　稳　圣　草　憋　暖　艘　恩
瞒　窘　羹　赚　痒　绕　王　字　旷　北
潜　略　庄　壤　科　沈　彻　袍　掉　吹
耳　固　此　贤　耍　培　摄　牙　隶　准
聂　捐　醉　绒　案　颌　税　领　增　挪
典　跳　摸　桨　圆　凤　霜　吼　下　擎
海　批　伞　揪　月　抓　淮　吃　直　破

二、读多音节词语(100个音节,共20分,限时2.5分钟)

窘迫　云彩　谬误　权力　超过　分配　老实
消费　夸张　核算　扇面儿　假若　作怪　撒开
富翁　蜜枣儿　着重　新娘　日后　胡琴　傍晚
虐待　许久　手工业　佛教　正好　人群　耳垂儿
变脸　强大　矿产　宣布　冻疮　定额　亏损
构成　丧葬　男女　略微　村子　红领巾　夏天
拥挤　电能　挨个儿　愉快　青蛙　彼此　坍塌

三、朗读短文(400个音节,共30分,限时4分钟)

作品23号

四、命题说话(请在下列话题中任选一个,共40分,限时3分钟)

1. 印象深刻的书籍(或报刊)　　2. 谈社会公德(或职业道德)

试卷 15

一、读单音节字词(100个音节,共10分,限时3.5分钟)

滚 条 垒 痕 框 渴 仓 谨 笔 荆
程 丝 权 稍 云 黑 唇 拐 怜 摸
决 碰 斩 奉 牙 啃 款 倍 吃 怒
袍 震 而 妄 潭 弃 环 恩 彻 丞
暑 猜 挪 辆 法 弥 笨 霖 麦 肌
农 婚 律 贼 塌 下 村 房 谬 磁
热 须 扰 刷 统 勿 纱 我 枪 瑞
版 晔 杜 腮 串 丢 窘 破 挖 选
绳 纸 催 影 锹 走 越 反 训 巅
涩 广 跌 岩 畏 昂 踹 嘴 胸 桃

二、读多音节词语(100个音节,共20分,限时2.5分钟)

坚持　佛像　红润　群体　婴儿　她们　新娘
衰弱　成为　打击　定律　双重　话筒　望远镜
老头儿　繁殖　核算　线圈　交流　辩驳　小瓮儿
战略　谬论　赔偿　收购　奔涌　豆芽儿　八卦
私人　科学家　干脆　嗓子　亲切　超额　主宰
妥当　撒开　层出不穷　念叨　土匪　少女　奇怪
命运　罚款　障碍　马匹　做活儿　财政

三、朗读短文(400个音节,共30分,限时4分钟)

作品7号

四、命题说话(请在下列话题中任选一个,共40分,限时3分钟)

1. 难忘的旅行　　2. 对环境保护的认识

试卷 16

一、读单音节字词(100 个音节,共 10 分,限时 3.5 分钟)

衡　末　团　腹　牢　洼　陶　缺　柄　壤
溺　胚　狼　逛　决　锅　贼　典　项　童
藕　陈　砂　而　米　云　历　堆　晒　元
撰　酉　瓮　斩　芽　女　闰　叠　官　层
善　寻　注　雄　剂　蕊　沁　高　坏　蹶
误　巴　乃　塘　腮　氧　遮　缓　怯　组
荒　垮　冒　剖　吻　平　子　擦　岸　粉
狗　持　歪　整　双　渴　救　叨　法　词
箔　肿　加　肯　瑟　艇　料　师　写　松
戳　穷　亏　劝　编　愣　居　昂　芯　笨

二、读多音节词语(100 个音节,共 20 分,限时 2.5 分钟)

昂首　沙发　火车　西欧　死板　刷新　传染病
群众　闺女　亏损　英雄　区域　海市蜃楼　案子
恰如　公民　虐待　光照　旦角儿　撒开　佛像
荒谬　红包儿　波谷　另外　分泌　存在　捐款
占用　老爷　配合　主人翁　上层　党委　快乐
增长　掉价儿　青蛙　落日　从而　冠军　天体
胶片　邮戳儿　线圈　咳嗽　大娘　土匪

三、朗读短文(400 个音节,共 30 分,限时 4 分钟)

作品 10 号

四、命题说话(请在下列话题中任选一个,共 40 分,限时 3 分钟)

1. 我喜欢的美食　　2. 谈谈卫生与健康

试卷 17

一、读单音节字词(100个音节,共10分,限时3.5分钟)

广	日	波	选	鬓	霜	耳	刮	防	嘴
廊	踩	葬	唇	甲	坠	栋	烤	抓	院
怀	袄	云	伙	坝	纠	犁	缺	伍	襟
掉	趴	草	瞥	括	粗	填	蹲	穷	黑
范	夕	井	涉	评	北	型	四	绒	氨
洛	雨	圣	偷	暮	晚	字	争	筹	碟
粪	棱	均	特	栽	抵	膜	钩	峰	盆
厢	褶	恰	胎	臣	拐	粤	荡	慌	算
砷	永	如	捺	魂	款	绪	潮	伞	浓
巧	王	买	流	娶	鼻	吃	准	骗	娘

二、读多音节词语(100个音节,共20分,限时2.5分钟)

粗略	花鸟	刷新	临床	咳嗽	终身	融合
意思	虽说	早春	昂贵	内外	大娘	猫头鹰
舞蹈	扭转	根据地	疲倦	病人	善良	缺乏
贩子	爱好	拱桥	佛典	破坏	挫折	清爽
天下	存在	快板儿	价值	小瓮儿	循环	被窝儿
宾主	汹涌	仍旧	节日	不言而喻	频率	怎么
感慨	钢铁	权利	军队	成名	棉球儿	

三、朗读短文(400个音节,共30分,限时4分钟)

作品17号

四、命题说话(请在下列话题中任选一个,共40分,限时3分钟)

1. 我所在的学校(或公司、团队、其他机构) 2. 对终身学习的看法

试卷 18

一、读单音节字词(100个音节,共10分,限时3.5分钟)

帐 鳃 额 筋 远 自 蹿 墓 四 洒
跷 慎 兵 对 挖 窄 赎 攻 爽 沿
丛 歪 臀 末 甫 盼 软 胸 去 埂
蚕 汪 奏 勺 篦 坟 掠 娘 等 联
拐 派 犹 下 扭 旦 纬 畦 惹 而
若 挥 眨 寻 恩 权 很 遵 控 昌
考 洪 疯 凝 丑 颇 池 靶 军 垒
购 两 内 泽 煎 梅 雪 梦 倾 腻
奎 义 铝 鳖 影 周 策 辛 我 条
故 唐 谎 逃 枝 材 窘 抓 价 篇

二、读多音节词语(100个音节,共20分,限时2.5分钟)

遭受　露馅儿　人群　压力　材料　窘迫　亏损
翱翔　永远　一辈子　通讯　敏感　不速之客　累赘
发愣　外面　酒盅儿　似乎　怎么　赔偿　勘察
妨碍　辨别　调整　少女　做活儿　完全　霓虹灯
疯狂　从而　入学　夸奖　回去　篡夺　秧歌
夏季　钢铁　佛典　沙尘　存在　请求　国王
今日　虐待　花瓶儿　难怪　产品　掉头

三、朗读短文(400个音节,共30分,限时4分钟)

作品30号

四、命题说话(请在下列话题中任选一个,共40分,限时3分钟)

1. 尊敬的人　2. 自律与我

试卷 19

一、读单音节字词(100个音节,共10分,限时3.5分钟)

揍　卿　垮　评　忌　恒　派　全　吹　次
靶　桌　饱　蹭　明　匪　快　奖　胸　囤
撅　取　迟　润　焉　信　腮　莫　冯　稻
瘟　镭　嫩　云　灸　袍　用　族　访　梁
米　烤　糖　洒　航　根　融　税　儿　旅
狂　瓮　丢　泣　语　愣　您　谷　贫　摊
梨　穿　秒　下　抠　摆　捐　四　搓　帐
软　烘　灭　臻　田　鸭　始　抓　位　拿
波　德　庵　攥　我　妇　惨　训　拐　跷
穴　铁　荒　躲　笨　爽　辙　钩　癌　砂

二、读多音节词语(100个音节,共20分,限时2.5分钟)

荒谬　　年轻　　探讨　　琵琶　　连累　　成本　　下午
未曾　　挨个儿　大战　　合作社　贵宾　　柔软　　骄傲
人群　　细菌　　窘迫　　宣传　　反省　　抓阄儿　原料
门铃儿　生长　　爽快　　外地　　富翁　　虐待　　盗贼
贴切　　处于　　挪用　　财政　　决议　　营养　　口腔
方法论　然而　　苍白　　那么　　亏损　　自始至终　佛典
少女　　关卡　　笑话儿　产品　　公司　　随后

三、朗读短文(400个音节,共30分,限时4分钟)

作品16号

四、命题说话(请在下列话题中任选一个,共40分,限时3分钟)

1. 我喜爱的动物　　2. 谈服饰

试卷 20

一、读单音节字词(100个音节,共10分,限时3.5分钟)

夏 犊 嫩 扯 愁 纵 窟 错 瞧 渠
逆 塘 播 频 姓 蹄 篾 匹 窜 伟
雄 尺 摘 祥 鳖 穷 字 德 务 准
院 嗓 卦 决 贩 水 褐 往 氨 磁
枣 川 劝 仰 修 驼 坑 脑 牧 蕊
均 晒 表 僧 料 双 嘴 坤 耳 至
刷 尘 滚 摸 授 捣 辣 听 龙 越
藕 层 踹 居 碗 鸭 迷 婶 牛 张
很 熔 擦 柔 窝 兰 黑 噙 消 内
损 辈 枫 拐 鞭 责 纺 云 缕 偏

二、读多音节词语(100个音节,共20分,限时2.5分钟)

外科　平行　靠不住　标准　募捐　专家　麦子
时日　裸体　东欧　岁数　频率　风起云涌　大多
恰好　基本功　倒挂　宣传　唱歌儿　扭曲　门槛儿
雄伟　亏损　佛寺　眼前　群众　觉得　男女
上层　才能　增长　弹簧　月亮　划分　抽空儿
坏人　修改　养活　然而　钢铁　面临　博爱
小瓮儿　配合　村庄　手法　咖啡　理解

三、朗读短文(400个音节,共30分,限时4分钟)

作品1号

四、命题说话(请在下列话题中任选一个,共40分,限时3分钟)

1.我了解的地域文化(或风俗)　　2.生活中的诚信

试卷 21

一、读单音节字词(100个音节,共10分,限时3.5分钟)

邓　歌　瓦　国　制　巾　灌　堆　染　月
砍　滨　甩　滑　拐　军　刘　梦　雄　骚
昂　偏　投　午　喉　翁　朽　翻　儒　腻
原　啮　徒　猫　肺　松　导　而　砖　柄
控　选　述　缓　庞　腔　吮　肉　许　哀
瘠　带　能　谎　插　蠡　播　腿　擦　怎
莫　舔　揍　买　份　掐　晾　井　庙　则
它　惨　嫩　肿　聊　趋　辨　品　泪　凝
炼　云　憋　程　穷　耍　回　趁　丝　状
绝　瑟　旗　禹　湿　爬　廊　押　锡　词

二、读多音节词语(100个音节,共20分,限时2.5分钟)

苍白　通讯　能耐　编纂　沉重　利落　敏感
傻瓜　似乎　即日　信仰　老头儿　健全　昂贵
手绢儿　愉快　症状　熔点　纯粹　饭盒儿　聪明
英勇　学校　率领　佛像　天下　角色　纳闷儿
分配　撒开　光泽　人口　包涵　群体　稳妥
贫穷　按照　恰好　独一无二　富翁　牛顿　打算
傀儡　灭亡　成就　自治区　博得　标准化

三、朗读短文(400个音节,共30分,限时4分钟)

作品32号

四、命题说话(请在下列话题中任选一个,共40分,限时3分钟)

1.体育运动的乐趣　　2.家庭对个人成长的影响

试卷 22

一、读单音节字词(100 个音节,共 10 分,限时 3.5 分钟)

终 棒 活 养 瓢 洼 挪 皿 琼 捐
滩 许 情 可 敌 鸭 寺 歪 常 窃
肉 商 漫 首 枯 总 抓 床 啃 绳
纲 瑞 妖 攘 振 弥 卵 烧 踹 闪
洒 范 铂 岁 虹 匪 初 乍 绺 宋
逢 君 枉 规 题 该 掠 悬 抖 鹤
脸 攥 寻 举 仍 猜 墨 趴 业 壕
领 捏 尔 您 本 赐 高 部 谬 贼
素 滚 偷 时 捧 柴 队 袄 浑 跳
营 凶 启 翅 恩 擦 窄 签 嫁 饷

二、读多音节词语(100 个音节,共 20 分,限时 2.5 分钟)

南北　麦子　抓紧　外宾　哈密瓜　场所　配套
霜期　上层　生存　大腕儿　东欧　面条儿　情况
将军　政党　安排　奋不顾身　连日　作坊　群众
照片　柔软　率领　定律　轮流　闺女　佛法
医院　用途　科学家　而且　总统　饭盒儿　关押
旋转　嘴唇　修改　养活　脑髓　虐待　小瓮儿
相似　灭亡　穷人　快速　维持　波及

三、朗读短文(400 个音节,共 30 分,限时 4 分钟)

作品 2 号

四、命题说话(请在下列话题中任选一个,共 40 分,限时 3 分钟)

1. 让我快乐的事情　　2. 我的一天

试卷 23

一、读单音节字词(100个音节,共10分,限时3.5分钟)

选 鬓 霜 耳 襟 黑 氨 刮 防 嘴
踩 葬 唇 甲 坠 栋 烤 抓 廊 院
怀 袄 云 伙 坝 纠 犁 缺 伍 掉
趴 草 瞥 括 粗 填 蹲 穷 范 夕
井 涉 评 北 型 四 绒 洛 雨 圣
偷 暮 晚 字 争 筹 碟 粪 棱 均
特 栽 抵 膜 钩 峰 盆 厢 褶 恰
胎 臣 拐 粤 荡 慌 算 砷 永 如
捺 魂 款 绪 潮 伞 浓 巧 王 买
流 娶 鼻 吃 准 骗 娘 广 日 波

二、读多音节词语(100个音节,共20分,限时2.5分钟)

宾主　汹涌　仍旧　早春　频率　怎么　感慨
钢铁　权利　军队　成名　棉球儿　病人　善良
花鸟　刷新　临床　咳嗽　终身　融合　意思
虽说　天下　昂贵　内外　大娘　猫头鹰　舞蹈
扭转　根据地　疲倦　存在　节日　缺乏　贩子
爱好　拱桥　佛典　破坏　挫折　清爽　粗略
快板儿　价值　小瓮儿　循环　被窝儿　不言而喻

三、朗读短文(400个音节,共30分,限时4分钟)

作品40号

四、命题说话(请在下列话题中任选一个,共40分,限时3分钟)

1. 我喜爱的节日　　2. 对美的看法

试卷 24

一、读单音节字词(100个音节,共10分,限时3.5分钟)

蹄 整 锈 窘 厌 漾 尝 远 酉 亡
条 怪 您 矫 瑞 楼 安 示 层 劣
勺 掌 极 遵 洽 葛 踹 捏 壤 拴
笨 霉 册 偏 芽 谎 代 锁 沟 腊
彩 吨 遣 徐 尺 迸 堵 挥 澳 戳
耸 皱 酸 儿 郭 自 盼 虹 攥 买
穷 超 民 选 巴 蜜 响 爬 锭 筐
委 波 磁 黑 群 害 扰 硫 追 棚
蛙 扣 桩 蛋 纺 运 凝 温 团 键
书 筒 摸 垮 录 趋 穴 彼 孵 砍

二、读多音节词语(100个音节,共20分,限时2.5分钟)

看法　哥们儿　篡改　圈套　群体　效率　思维
窘迫　给以　战略　昂然　分别　祖宗　凉爽
商标　戏曲　佛像　主人翁　同伴　收回　厌倦
撇开　画家　走访　因而　身边　拐弯儿　下游
轻快　多么　奥秘　亏损　状况　军事　太阳能
虐待　英雄　牛顿　冲刷　大伙儿　今日　流传
面前　谬误　灯泡儿　从此　扫帚　贯彻　土匪

三、朗读短文(400个音节,共30分,限时4分钟)

作品11号

四、命题说话(请在下列话题中任选一个,共40分,限时3分钟)

1. 我欣赏的历史人物　2. 谈谈卫生与健康

试卷 25

一、读单音节字词(100个音节,共10分,限时3.5分钟)

藻　购　澳　汪　床　我　接　夫　夏　腰
刮　缓　敢　掠　就　押　廷　锦　钱　原
伞　春　债　尺　苦　勤　掩　虫　碑　僧
辉　矛　统　订　白　租　则　测　朽　儿
塔　吏　裁　荣　善　码　央　弯　嫩　雪
巡　颇　涩　唱　寡　知　巧　雷　垮　瑞
扔　律　磁　鸟　榨　局　爹　两　端　贴
索　庄　莫　风　盲　辨　勺　侯　穷　运
跟　自　您　震　准　凭　饿　戚　催　甩
狂　梦　陡　堂　凑　踹　膘　浦　选　房

二、读多音节词语(100个音节,共20分,限时2.5分钟)

外界　新娘　政策　上层　地球　夸张　飘然
因而　爽朗　妇女　学说　军用　明天　打算
退化　意思　人员　训练　麦子　疮疤　青霉素
佛经　窘迫　下马　村庄　深奥　日历　围嘴儿
不良　开垦　跟前　挨个儿　疟疾　少年　蛋黄儿
病榻　胡同儿　恰当　旅馆　作战　排斥　课程
干燥　手工业　飞快　小丑　牛顿　完全

三、朗读短文(400个音节,共30分,限时4分钟)

作品25号

四、命题说话(请在下列话题中任选一个,共40分,限时3分钟)

1.我欣赏的历史人物　　2.谈个人修养

试卷 26

一、读单音节字词(100个音节,共10分,限时3.5分钟)

滚 条 垒 痕 框 渴 仓 谨 笔 荆
程 丝 权 稍 云 黑 唇 拐 怜 摸
决 碰 斩 奉 牙 咭 款 倍 吃 怒
袍 震 而 妾 潭 弃 环 恩 彻 丞
暑 猜 挪 辆 法 弥 笨 霖 麦 肌
农 婚 律 贼 塌 下 村 房 谬 磁
热 须 扰 刷 统 勿 纱 我 枪 瑞
版 眸 杜 腮 串 丢 窘 破 挖 选
绳 纸 催 影 锹 走 越 反 训 巅
涩 广 跌 岩 畏 昂 踹 嘴 胸 桃

二、读多音节词语(100个音节,共20分,限时2.5分钟)

搜刮　进口　安全　蛋黄儿　男女　奋勇　机械化
逃窜　然而　缓解　人群　别扭　恐龙　医学
类似　明确　纳闷儿　亏损　恰当　平原　未曾
作怪　船台　超额　纯粹　公有制　隔壁　下面
存在　特征　发表　被窝儿　富翁　佛经　运输
填充　大娘　爽快　毛驴儿　开放　成果　物品
消息　强盗　主张　窘迫　袋子　冷水　落日

三、朗读短文(400个音节,共30分,限时4分钟)

作品18号

四、命题说话(请在下列话题中任选一个,共40分,限时3分钟)

1. 劳动的体会　　2. 谈传统美德

试卷 27

一、读单音节字词(100个音节,共10分,限时3.5分钟)

液 昂 鬶 萍 有 凳 穷 坤 并 莫
倾 瓦 农 涩 鬼 逊 添 踹 衍 醉
膘 朽 耐 选 蛮 拥 北 能 字 而
枕 材 鸟 制 雪 杂 闹 酸 傻 赔
君 咧 凑 俄 津 驴 蜕 拙 丑 弱
临 股 宅 赏 太 杭 虾 哨 复 藤
掠 槽 款 擦 鳍 波 死 束 梯 面
羽 抓 耿 端 渴 批 簧 赶 文 江
热 尊 亮 捐 陈 方 赤 法 掐 缓
沾 拐 皆 琴 葱 儒 爽 夺 爹 维

二、读多音节词语(100个音节,共20分,限时2.5分钟)

丰满 英雄 妇女 上层 荒谬 匪徒 显微镜
开外 无穷 疟疾 质量 观光 半道儿 拼命
群体 锥子 持久 寻找 恰当 表演 选举
弱点 红润 夸张 花脸 操纵 宾客 恩情
砂轮儿 加工 创作 由于 老爷 媒人 佛学
大娘 钢铁 从而 核算 手绢儿 一丝不苟 渗透
飘带 白色 挨个儿 侵占 破坏 生产力

三、朗读短文(400个音节,共30分,限时4分钟)

作品43号

四、命题说话(下列话题任选一个,共40分,限时3分钟)

1. 我喜欢的职业(或专业) 2. 自律与我

试卷 28

一、读单音节字词(100 个音节,共 10 分,限时 3.5 分钟)

非　谬　昂　水　颠　绝　纱　拟　崩　穷
挖　伞　究　房　戳　碗　厅　爽　惠　吃
缆　容　开　而　昭　泽　裹　僻　门　凑
袍　羽　舟　草　夏　影　碰　腿　四　刷
合　块　贫　壤　寻　烤　互　享　群　工
民　胸　凝　之　条　奖　镀　险　败　缸
毙　杂　本　填　珍　闯　拎　偶　罪　锁
腊　喧　肋　捐　窈　卤　末　藤　润　浓
举　从　掐　喉　院　除　钓　僧　饭　沉
越　甩　气　蹲　我　搏　自　插　钙　短

二、读多音节词语(100 个音节,共 20 分,限时 2.5 分钟)

而且　夏季　方案　土壤　音响　南瓜　谬论
劳动者　迅速　妖精　催化　同学　深层　贫穷
黑板　落款儿　拜见　全局　辩证法　右手　大娘
问卷　得天独厚　恰好　人们　光明　策略　挽回
分别　群众　没谱儿　专用　衰败　长城　夸张
痞子　波涛　挨个儿　往返　外国　总之　孙女
所以　创作　小瓮儿　思考　佛典　厉害

三、朗读短文(400 个音节,共 30 分,限时 4 分钟)

作品 47 号

四、命题说话(下列话题任选一个,共 40 分,限时 3 分钟)

1. 向往的地方　　2. 谈服饰

试卷 29

一、读单音节字词(100个音节,共10分,限时3.5分钟)

瀑 码 神 特 喘 浓 鸥 独 讲 幸
洒 端 牙 眯 惨 飘 却 汪 庙 疼
廊 宾 怯 久 贝 拢 涩 椎 镭 吃
改 云 写 前 桂 筛 闰 吹 越 彼
而 秆 磷 宗 脖 睁 候 捐 纳 挥
捆 稻 花 铝 杀 拂 仿 津 管 踹
你 屯 脸 获 裁 党 凿 康 自 萍
歪 碳 疯 雄 寡 穷 我 四 绺 抻
盆 氧 志 膜 妆 圆 耕 虎 搓 袄
熔 下 厅 渠 箭 贼 训 德 顺 表

二、读多音节词语(100个音节,共20分,限时2.5分钟)

才能　影子　逃窜　类似　学科　亏损　追求
后头　瓜瓤儿　挎包　均匀　收缩　佛法　啄木鸟
判决书　新娘　这么　铁轨　下午　围剿　因而
沉重　缅怀　展览　存款　配偶　区别　状况
灯泡儿　恰当　好歹　邮戳儿　另外　定律　在场
方便　总称　波峰　设备　权利　大相径庭　即日
疲倦　小瓮儿　铺盖　实用　穷人　男女

三、朗读短文(400个音节,共30分,限时4分钟)

作品6号

四、命题说话(下列话题任选一个,共40分,限时3分钟)

1.让我感动的事情　　2.对美的看法

试卷 30

一、读单音节字词(100 个音节,共 10 分,限时 3.5 分钟)

拈　驼　瞥　你　颇　卢　内　沙　谎　别
磁　韵　昭　您　灭　僧　愧　袄　戳　软
决　阵　停　准　仍　凑　赏　清　逢　春
昂　潘　园　币　陪　选　务　描　弓　缕
松　拐　船　附　价　米　牵　洗　抬　踹
港　声　蕊　躯　爽　杂　苦　兜　辆　儿
喊　纠　势　敛　卫　巧　军　材　柜　岭
赫　凝　莫　挖　档　筛　字　雄　笨　扯
货　氲　端　池　罢　丢　废　怎　芽　窖
曹　宾　斜　粤　弦　三　孔　腔　特　养

二、读多音节词语(100 个音节,共 20 分,限时 2.5 分钟)

痛快　英雄　富翁　渺小　黄色　太阳能　平均
保险　佛法　烈日　冲刷　怪物　飞行　然而
激昂　体育馆　大娘　刀刃儿　挺拔　政策　邮戳儿
不安　生存　笔者　累赘　思索　课程　全身
虐待　我们　恰巧　加入　怀念　森林　群众
亲切　食用　矿产　疲倦　创作　毛驴儿　后悔
遵守　决心　脑瓜儿　谬论　干脆　胖子　波段

三、朗读短文(400 个音节,共 30 分,限时 4 分钟)

作品 5 号

四、命题说话(下列话题任选一个,共 40 分,限时 3 分钟)

1. 我喜爱的艺术形式　　2. 我了解的十二生肖